KAWADE
夢文庫

日本の命運にかかわる

同盟と対立の世界地図

最新情勢版

国際時事アナリスツ［編］

河出書房新社

ウクライナでの戦いで浮き彫りになった世界の同盟と対立の構造◉はじめに

2022年のロシア軍によるウクライナ侵攻は、世界の秩序がいかに脆(もろ)いものかを全世界に問いかけた。世界には数多くの対立があり、同盟がある。その同盟と対立の相剋(そうこく)、矛盾が、ウクライナで噴き出たのだ。

ロシア軍のウクライナ侵攻には、ふたつの特徴がある。

●ロシアは、ウクライナにNATO(北大西洋条約機構)加盟を完全に断念させ、自陣営(CSTO=集団安全保障条約)に引きこむため、あえて戦争を決意した。ロシアにとって、NATOこそが真の恐怖だった。

●ウクライナがNATOに未加盟だったからこそ、ロシアはウクライナ侵攻という冒険に出た。つまり、ウクライナがNATO加盟を果たしてしまえば、ロシアはウクライナに何もできない。

このように、ウクライナでの戦いは、ロシアとNATOの暗闘であった。NATOという強大な同盟を前に、ロシアが理性を失い、戦いを挑んだともいえる。

さらに、ウクライナでの戦いは、世界の同盟と対立の構造を浮き彫りにした。2022年3月、国連でロシア非難の決議案が提出されたときだ。アメリカや日本をはじめ西側諸国は賛成にまわったが、中国、インド、アフリカ諸国は棄権するか欠席した。中国とロシアの良好な関係から中国の棄権は想定できたが、インドの棄権を意外視する者もいた。

じつのところ、インドはその軍事面でロシアに依存するところが大きく、ロシアとは同盟的な関係にある。そのことが、世界にわかったのだ。ロシアがいかにアフリカ諸国に浸透していたのかも、明らかになった。

ウクライナでの戦いは、世界の同盟と対立の相剋の氷山の一角にすぎない。東アジアでは、台湾問題がいつ火を噴いても不思議ではないレベルにある。

中国は、武力を投入してでも台湾を接収したい。いっぽう、台湾には確たる「同盟」関係はない。それればかりか、アメリカも日本も台湾を国家として承認していない。台湾は、ウクライナよりも孤立無援に近い。

ならば、中国の台湾吸収は簡単そうだが、そうはならないのは日米同盟の存在によってでもある。現在、台湾と国交のない日米だが、台湾危機にあって、日米同盟が台湾を守るために動く可能性はゼロではない。だから、中国も冒険的行動を自制している。

ただ、日米同盟が本当に機能するかは、日米双方にわからないところがある。中国が狙っている尖閣(せんかく)諸島の問題でも、アメリカ軍が自衛隊とともに戦う保障はじつは完全ではない。日米に綻(ほころ)びがあれば、アメリカは傍観者ともなるだろう。

日本はといえば、21世紀になって「同盟的」な関係を増やす方向に向かっている。かつては日米同盟一本やりであったが、現在の日本は準同盟的な関係を増やしており、オーストラリア、インドなどとそれぞれ準同盟的な関係を結んでいる。だからこそ日本は、アメリカ、オーストラリア、インドからなるQUAD(日米豪印戦略対話)を主導できた。さらに日本はイギリスと緊密化、新日英同盟とでもいうべき関係が生まれつつある。

21世紀の日本が同盟外交に向かっているのは、中国の脅威を認識したからだろう。日本単独では中国への対抗はむずかしく、日米同盟でも安全保障は完全にはならない。ゆえに、多くの国を巻きこみ、中国に対抗しようとしているのだ。

もちろん、中国も「同盟」の手法を使い、世界中で「一帯一路」構想を推し進め、

「上海協力機構（SCO）」でユーラシア世界を味方につけようとしている。中国主導のRCEP（東アジア地域包括的経済連携）は、日本がまとめあげたTPP（環太平洋パートナーシップ協定）を突き崩そうとする経済協定だ。日中の「同盟」を使った暗闘はこれからもつづく。

この本では、21世紀の世界にいかなる対立があり、対立に同盟がどうかかわっているかを明らかにした。南太平洋の小さな島嶼国と中国との接近が、極東での勢力争いに大きな影響を及ぼしかねない時代である。日本が生き残るためにも、同盟と対立の複雑な構造の概略くらいは知っておきたい。

国際時事アナリスツ

1章 西側諸国と敵対したロシアをめぐる新秩序

◉NATO、G7、CSTO…

2章 経済圏を巧妙に主導し、世界を切り取る中国

◉一帯一路、上海協力機構、CPEC…

3章　中国の浸透に揺らぐアメリカと同盟国の結束

◎AUKUS、ファイブ・アイズ、米州機構…

4章　対立の火種を抱え、暗中模索がつづく欧州

◎EU、JEF、シーア派の弧…

5章 日本と東アジアを取りまく同盟関係のゆくえ

◎QUAD、RCEP、ASEAN…

カバーCG◉星乃滋／アフロ
本文図版◉原田弘和
協力◉内藤博文

1章

●NATO、G7、CSTO…

西側諸国と敵対したロシアをめぐる新秩序

NATOの東方拡大

なぜ、ロシアはウクライナのNATO加盟をゆるさないのか？

2022年2月、世界を騒然とさせたのは、ロシア軍のウクライナ侵攻である。プーチン大統領の狙いは、ウクライナにおける親ロシア政権の樹立、ウクライナの中立化だ。世界の多くの国から非難を浴びるのを覚悟で、ロシアはウクライナの「中立化」、実質は「親ロシア化」を目指したのである。

ロシアの考えるウクライナの「中立化」とは、ウクライナのNATO（北大西洋条約機構）加盟を断固として阻止することだ。2008年、ウクライナはNATO入りを希望し、これが長い歳月をかけて実現の方向に動きつつあった。ウクライナのNATO加盟は、ロシアにとって悪夢でしかないのだ。

もともと、NATOはソ連軍、さらにはワルシャワ条約機構軍に対抗するための軍事同盟だった。1955年に設立されたワルシャワ条約機構には、多くの東ヨーロッパ諸国が参加し、旧東ドイツ、ポーランド、旧チェコスロヴァキア、ハンガリーなどはソビエト連邦を守る盾（たて）ともなっていた。

当時、まだドイツは東西に分裂していたから、NATOの最前線にあったのは西

ドイツであり、ワルシャワ条約機構の最前線にあったのは東ドイツだった。ソ連はワルシャワ条約機構に守られ、西側のＮＡＴＯに対して縦深（じゅうしん）を持つことができた。

そしてこの時代、ウクライナはソ連の一員であった。モスクワからすれば、ウクライナのＮＡＴＯ加盟など想像すらできなかったことだろう。

ところが、１９９０

年代、ソ連の崩壊に合わせて、ワルシャワ条約機構は解体してしまう。この時点で、NATOはその役割を終えたかに思えたが、以後もなお存続した。

それぱかりか、ポーランドやハンガリーなど東欧諸国、つまり旧ワルシャワ条約機構加盟の諸国をNATO入りさせていった。1990年代以降、NATOの最前線は東方に伸び、リトアニア、ラトビア、エストニアのバルト三国もNATO入りする。NATOの東方拡大により、ロシアの国防の縦深は浅くなり、前線に立つのがウクライナとベラルーシになってしまったのだ。

ウクライナとベラルーシは、東欧諸国と異なり、ソ連の一員だった。ソ連誕生以前は、帝政ロシアに組みこまれていた。ソ連崩壊ののち独立を得たとはいえ、ウクライナやベラルーシもロシアからみれば、いわずもがなの「ロシアの一員」であり、「同盟国」のようにみなされてきた。その「同盟国」が西側世界に向かったから、ロシアはこれをゆるせなかったのだ。

ウクライナ人の思い、考えはともかく、ロシアにとってウクライナは、ロシア人が大量の血を流してきた「鉄血の地」である。2022年の侵攻で激戦地となった北東部の都市ハリコフは、1940年代、独ソの死闘の場であった。また、中部にある都市ポルタヴァは、ロシアにとっては栄光の地でもある。帝政ロシア時代の18

世紀はじめ、ピョートル1世がこの地でスウェーデンのカール12世の侵攻を食い止め、完勝したことで、ロシアには「大帝国」の道が拓けてきた。

ロシアの兵士はウクライナで大国と戦い、大量の血を流してきた。そうした歴史的な経緯もあり、ロシアはウクライナの自由をゆるさないのだ。

◉NATO——ソ連崩壊ののち東方拡大を図り、ロシアを苛つかせる

NATO(北大西洋条約機構)は、第2次世界大戦後の1949年に誕生した、ヨーロッパ諸国と北米(アメリカ、カナダ)からなる軍事同盟だ。その本来の目的は、ソ連の脅威から西ヨーロッパを集団で守ることにあった。

第2次世界大戦は、西ヨーロッパ諸国の軍事力を低落させたいっぽう、ナチス・ドイツを屈伏させたソ連軍は世界最強の陸軍を保持するようになっていた。ドイツをも砕いた最強の戦車軍団の前に、西ヨーロッパは結束するよりほかなく、アメリカの主導もあって、NATOはソ連封じこめの集団安全保障機構として発足したのだ。

ただ、NATOの力をもってしても、ソ連を中心とするワルシャワ条約機構軍の戦車部隊を食い止めるのは不可能だと見られていた。第一波、第二波くら

いは阻止できても、第三波、第四波の戦車部隊が押し寄せてきたとき、数に劣るNATOの戦車部隊は決壊を余儀なくされる。そのため、アメリカはワルシャワ条約機構軍を食い止めるために、戦術核の使用も考えていたくらいだ。

ソ連崩壊でワルシャワ条約機構が消滅したのち、NATOは東方へと拡大している。それは東ヨーロッパ諸国にとってはロシアに対する安全保障になるいっぽう、勢力圏が狭まったロシアを苛つかせてもきたのだ。

◉ワルシャワ条約機構――民主化運動を二度も押し潰してきた、ソ連の守り

ワルシャワ条約機構は、NATOに対抗することを目的とした、ソ連を中心とする集団安全保障機構だ。西ドイツがNATOに加盟したことを契機に1955年に誕生した。加盟国はソ連と多くの東ヨーロッパ諸国である。当時、東欧諸国はソ連の圧力により共産化されており、ソ連を共産世界の盟主と仰いだ。

また、ワルシャワ条約機構は東欧諸国のソ連離れ、つまり民主化運動を阻止する機能も持ちつづけた。1956年にハンガリーで、1968年にチェコスロヴァキアでそれぞれ民主化運動が起きたとき、ワルシャワ条約機構の戦車部隊は民主化運動を押し潰したのだ。

ウクライナ問題の根本にある米英露の安全保障協定とは？

ブダペスト覚書

2022年、ウクライナはロシアの軍事侵攻を受けたが、ウクライナの不安定の根本にあるのは、「ブダペスト覚書（おぼえがき）」だ。

ブダペスト覚書とは、1994年にハンガリーの首都ブダペストで行なわれたアメリカ、ロシア、イギリスの3か国による協定だ。ウクライナ、ベラルーシ、カザフスタンに核兵器を廃棄させる代わりに、各国の安全をアメリカ、ロシア、イギリスが保障するというものだ。

ソ連崩壊後の1994年当時、旧ソ連の構成国であったウクライナとベラルーシ、カザフスタンには旧ソ連の核兵器が残されたままであり、とくにウクライナは米露に次ぐ世界第3位の核兵器備蓄国となっていた。これを危惧（きぐ）した米英露が、ウクライナをはじめとする3か国の核兵器をロシアに移管して非核国にする代わりに、安全を保障したのである。

ブダペスト覚書は、ウクライナの安全を保障する協定として出発したが、結局はそうはならなかった。軍事的な抑止力が伴わなかったからだ。2014年、ウクライナはロシアからクリミアを奪われ、2022年にはロシア軍による大規模な侵攻を受けた。事実上、ブダペスト覚書は無力化し、ウクライナの安全はどの国からも保障されなくなっている。

ただ、ウクライナの住人には、ブダペスト覚書の記憶がある。この覚書でウクライナの安全を保障したのは、ロシアとアメリカ、イギリスだ。アメリカとイギリスにはブダペスト合意の責任があるから、ウクライナは両国に強力な支援を求めているのだ。また、2022年にロシア軍がウクライナに侵攻し得たのは、この覚書の賜物(たまもの)ともいえる。ウクライナが核を放棄していたからこそ、ロシアは強圧的に出やすかったのだ。

核兵器保有の道義的な是非(ぜひ)はともかくとして、同盟なき非核国の安全保障の危うさをウクライナ問題は突きつけてもいる。

ジョージアがウクライナよりも先にロシアの侵攻を受けた理由とは?

ブカレスト宣言

2022年のロシア軍によるウクライナ侵攻は、プーチン大統領の暴走といわれるいっぽう、ロシアの既定路線だったとも見られている。ロシアは、NATO加盟

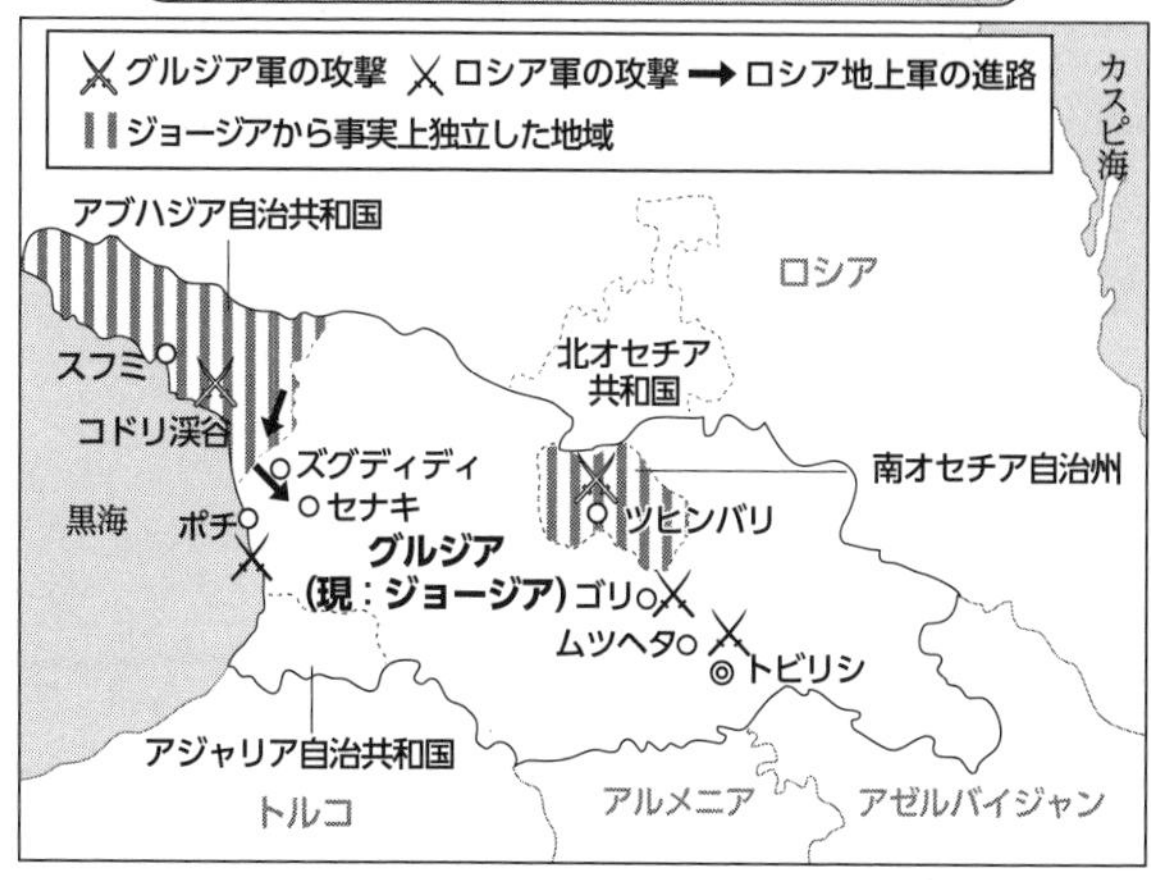

に動いた旧ソ連構成国を制裁しようとするからだ。それが、２００８年８月のグルジア（現：ジョージア）侵攻となっている。

ロシア軍がグルジアに侵攻したのは、表向きにはグルジア内の南オセチア自治州とアブハジア自治共和国が、グルジアからの分離独立を求めて戦いはじめたからだ。これは「南オセチア紛争」とも呼ばれる。

紛争ではロシア軍の攻勢にグルジア軍は敗退し、ロシアは南オセチア、アブハジアを独立国として承認した（欧米や日本は未承認）。

ただ、戦争の原因は、南オセチアとアブハジアの分離独立運動のみではない。当時、グルジアがNATO加盟を公式に目指そうとし、NATOが受け入れ方向に動こうとしたからである。

南オセチア紛争の4か月前、ルーマニアの首都ブカレストでNATO首脳会議が行なわれ、「ブカレスト宣言」が採択されている。この会議では、アメリカのブッシュ大統領がウクライナとグルジアのNATO加盟を提案した。ブカレスト宣言の名で、将来的にウクライナ、グルジアがNATO入りすることが認められたのだ。このとき、ドイツとフランスの反対もあり、早期加盟はありえないとされたが、ウクライナ、グルジアのNATO加盟への道筋はついたのである。

ブカレスト宣言は、ロシアにとって衝撃であった。ロシアが「同盟国」、あるいは「従属国」視しているウクライナ、グルジアのNATO入りはゆるせるものではなかった。そのため、ロシアはグルジアの懲罰にはしり、事実上、南オセチアとアブハジアを奪ったのである。NATO加盟に向かおうとした国が、いかに高い代償を払わなければならないか、ロシアはグルジアに叩きこみ、ウクライナにも示唆していたことになる。

ロシアから懲罰されたグルジアだが、その後もロシア離れが進んでいる。その表れが、日本における国名表記の変更だ。2015年、日本政府は「グルジア」から

「ジョージア」へと国名表記を変更することを決めた。ジョージア政府からの要請に応えてのものであり、ロシア語音に由来する「グルジア」から英語音にもとづく「ジョージア」へと変更したのだ。

なぜ、ロシアはウクライナからクリミア半島を切り取ったのか?——「EU」対「ユーラシア経済共同体」

ウクライナとグルジアのNATO入りの道筋がつけられた2008年のブカレスト宣言は、ロシアからすると許容できるものではなかった。そのため、同年、ロシアは南オセチア紛争に介入、グルジアを懲罰してみせたが、ウクライナ相手には動いてはいない。

それは、ウクライナの政権がまだロシア寄りだったからだ。2008年の時点でユシチェンコ大統領の力は弱く、2010年には親露派のヤヌコヴィチが大統領となる。ヤヌコヴィチが大統領の座にあるかぎり、ウクライナの西側への接近を阻止できるものと思われたが、2014年に政権が引っくり返されてしまう。

ヤヌコヴィチ政権が倒されたのは、EU(欧州連合)との連携協定をめぐってのことだ。NATOに加盟しないと決めていたヤヌコヴィチ政権だが、じつのところ国内ではEUとの連携協定で揺れていた。

EUとの連携協定とは、「DCFTA（深化した包括的な自由貿易圏）」である。DCFTAに参加すれば、EUとのあいだで人やモノの往来が活発になり、ウクライナ経済を強化できる。さらには、ロシア経済圏を離れ、経済的に西側との結びつきも強められる。

DCFTAは、EUの「東方パートナーシップ」の延長線上にある。東方パートナーシップとは、EUとアルメニア、アゼルバイジャン、ベラルーシ、ジョージア、モルドバ、ウクライナという6か国のあいだで創設された枠組みだ。EUの東方への影響力拡大を狙ったものであり、これに猛烈に反発したのが、プーチン大統領のロシアだった。

ロシアは「ユーラシア経済共同体」を組織しており、2015年には「ユーラシア経済連合（EEU）」に進化させようとしていた。ユーラシア経済連合は、日本ではあまり知られていないが、ロシアがEUに対抗しようとした経済同盟である。ロシアがユーラシア経済共同体を運営していこうというとき、ウクライナはあまりに重要なパーツであった。旧ソ連構成国のなかでも有数の工業力を有し、農業もさかんなウクライナがあってこそ、ユーラシア経済連合は将来的に大きくなれる。

けれども、ウクライナはEUを見ようとしていた。

2013年、ロシアはウクライナにユーラシア経済連合への加盟、DCFTAへの不参加を強く迫った。ロシアはそのための経済面での約束もしたから、ヤヌコヴィチ大統領はロシア側に流れ、DCFTA入りの調印を撤回した。

この撤回が、西側諸国との連携を求めるウクライナの住人の怒りを買った。ヤヌコヴィチ大統領に対するデモはやがて過激化し、右派による武力闘争も行なわれた。その結果、2014年2月にヤヌコヴィチ大統領は政権を捨て、ロシアへと亡命している。

このウクライナ国内危機の直後、ロシア軍はクリミアに電撃的に侵攻し、クリミアをウクライナから独立させた。当時、ウクライナには暫定政権があったとはいえ、無政府状態に近く、ロシアはウクライナを〝改造〟するチャンスと見た。クリミアにはロシア系住人も多く、支持は得られやすい。

そしてロシアは、サイバー攻撃によってウクライナを無力化し、大規模な市街戦を経験することなく、事実上、クリミアを奪った。さらにはドンバス地方にもロシア勢力を浸透させ、ウクライナの分裂と崩壊を企図した。

ロシアの狙いは、ウクライナを分裂させたあげく、暫定政権を雲散霧消させ、親ロシア派を首魁とする政権を誕生させることにあったと考えられる。親ロシア派政権が生まれれば、ウクライナはDCFTA参加をとりやめ、ユーラシア経済連合への参加に向かうだろうと期待したのだ。

ただ、ロシアの圧力は通用しなかった。ロシアがウクライナに対して攻勢に出ればば出るほどに、ウクライナの住人には反ロシア、親西側の意識が高まった。

2014年6月、ウクライナのポロシェンコ大統領は、EUの本拠であるブリュッセルにおけるEUサミットに参加し、DCFTAに最終調印している。以後、ウクライナはEUとの経済交流を深めるいっぽう、ロシアとの交易は減少した。

それは、ロシアとウクライナの距離をさらに隔てるものとなり、2022年の侵攻の一因にもなっている。

◉EU――ヨーロッパを復活させるのか? あるいはヨーロッパを解体させるのか?

欧州連合(EU)は1993年に成立し、ヨーロッパの多くの国が加盟している。ヨーロッパがEUとしてひとつにまとまることで、アメリカや中国にも対抗し得る経済圏になっている。本部はベルギーのブリュッセルにある。

EUの源流は、ひとつには1952年発足の「ヨーロッパ石炭鉄鋼共同体(E

CSC)」がある。ECSCには当初、フランス、西ドイツ、ベネルクス三国(ベルギー、オランダ、ルクセンブルク)、イタリアが参加した。それは、二度とヨーロッパで戦争を引き起こさないことを目的とする共同体でもあった。石炭も鉄鋼も戦争遂行の資源である。これらを共同管理することで、独仏による大戦を防ごうという目的があったのだ。

そのいっぽう、ECSCはヨーロッパに共同体の夢を喚起させた。1967年には「ヨーロッパ共同体(EC)」に統一され、やがてイギリスやスペインなども加わり、EUへと発展していった。

EUは1999年に共通通貨「ユーロ」を導入し、ユーロは一大基軸通貨となった。それは、ヨーロッパの復活劇でもあった。1970年代以降、ヨーロッパ諸国は低成長に苦しみ、アメリカ経済や日本経済に押され気味だったが、EUとなり、「ユーロ経済圏」を誕生させたことで復活したのだ。

ただ、不安定要因も多い。EUには細かなルールが多く、加盟諸国はこのルールの厳守を迫られている。それは各国の独自性、自主性を損なうものであり、EU加盟諸国の住人には不満がある。

しかも、EUの細かなルールを決めているのは、ブリュッセルにあるEUの官僚たちだ。彼らが選挙を経ていないことにも、加盟諸国内で不満がある。ゆえに、イギリスはEUから離脱していった。さらに、EU内では国ごとに大きな経済格差があり、EUの分裂をもたらしかねない不安もはらんでいる。

◉ユーラシア経済連合──EUに対抗しようとしたプーチンの野心

ロシアの主導する「ユーラシア経済連合（EEU）」は、EUに対抗すべく生まれた。もともと、2000年にロシア主導のユーラシア経済共同体（EAEC）が創設されていたが、ロシアはより強力な経済同盟を目指した。2011年に、プーチン大統領はユーラシア経済連合を構想、2015年に発足している。

ただ現在のところ、ユーラシア経済連合は、EUにまったく及ばない規模だ。参加国はロシア、ベラルーシ、カザフスタン、アルメニア、キルギスの5か国にとどまっている。肝心のウクライナは参加せず、ユーラシア経済連合のGDP（国内総生産）のおよそ9割近くをロシアが占めており、ロシア一極の経済同盟となっている。また近年、世界的に孤立しているイランが、ユーラシア経済連合に接近してもいる。

なぜ、ロシアはバルト三国のNATO加盟を容認したのか？

NATOの方針転換

2014年、2022年と二度にわたるロシアのウクライナへの攻勢・侵略は、NATOを構成する西側諸国に対して鬱積していた不信感の表明でもある。

じつのところ、1990年代のソ連崩壊当時、NATOの東方拡大はありえないものとされていた。当時のNATO首脳も、NATOが東方へ拡大することはないと示唆し、ロシア側を安心させてきた。1997年には、NATOとロシアのあいだで「NATO新加盟国には、大規模なNATO軍を恒久配備しない」という協定が結ばれている。

ゆえに、1990年代から2000年代前半まで、ロシアは西側諸国と妥協しながらでも友好的であろうとしてきた。実際のところ、ソ連崩壊直後のロシアはじつに不安定で、実質、財政が破綻していた。自国を復活させるために、西側諸国と協調関係を築こうとしてきたのだ。

けれども、そのあいだにNATOとEUは東方拡大をつづけてきた。1999年にはポーランド、チェコ、ハンガリーがNATOに加盟、2004年にはスロヴァキア、スロベニア、ルーマニア、ブルガリア、そしてエストニア、リトアニア、ラトビアのバルト三国が新たに加盟している。同じ年には、ポーランド、チェコ、ハンガリー、スロヴァキア、スロベニア、バルト三国がEU加盟も果たしている。

2004年の時点で、かなりの東欧諸国がNATO、EU入りを達成し、さらにはバルト三国もNATO、EUに加盟した。NATOはロシアに対し「東方には拡大しない」としていたにもかかわらず、じっさいは拡大を果たしていたのだ。

それは、ロシアにとって苦い妥協であり、妥協の限界点でもあった。チェコやスロヴァキア、ハンガリーといった東欧は、もともとロシアの勢力圏とは言いがたく、帝政時代も支配には至っていない。ソ連時代も独立国として存在していたから、東欧が離れていくのはしかたがないとあきらめもつく。

しかし、バルト三国は、もともとソ連の構成員である。この一点で、東欧とは違う。それでもロシアが妥協したのは、バルト三国がロシアを形成した歴史が短く、しかもヨーロッパ寄りの歴史をたどってきたからだろう。文化と歴史の異なるバルト三国のNATO入りまでは、まだゆるせたのだ。

ただ、これがロシアの我慢の限界であった。ロシアはNATOの東方不拡大方針を信じてきたから、NATOの東方拡大にひどい裏切りを感じたのだ。

ここから先のNATOやEUの東方拡大は、帝政以来のロシア領の切り崩しになる。とりわけウクライナは「小ロシア」ともいわれたように、「大ロシア」の一員とみなされてきた。ロシア、ベラルーシ（白ロシア）、ウクライナ（小ロシア）があって、「大ロシア」たり得る。ウクライナのNATO加盟は、ロシアの大事な一部が離反するようなもので、ロシアは許容できないのだ。

さらに、これ以上NATOの東方拡大をゆるすなら、ベラルーシや中央アジアのロシア圏の諸国も周囲の顔色をうかがうようになるだろうし、何より国民を統制できなくなる恐れも生じるかもしれない。

2000年代の原油高は、ロシア経済を復調させていたから、ロシアは自信を回復させつつあった。自尊心を取り戻したロシアは、NATOとの妥協を拒否する方向に転換していったのである。

プーチンが「カラー革命」を西側諸国の陰謀とする理由は？

親ロシア政権諸国の崩壊

ロシアが西側諸国に不信感と敵対意識を持つのは、NATOの東方拡大がつづいたからだけではない。21世紀に世界各地で起きている「カラー革命」の背後に、西側諸国がいるとみなしているからだ。

カラー革命とは、反政府運動によって独裁的と思われる政権を倒していくものだ。民主化を志向する反政府勢力が特定の色や花を運動のシンボルとしたため、この名で呼ばれるようになった。

カラー革命は、21世紀になって旧ソ連圏で頻発（ひんぱつ）している。2003年にはグルジアで「バラ革命」、2004年にはウクライナで「オレンジ革命」、2005年にはキルギスで「チューリップ革命」とつづいている。

いずれも独裁的な指導者の政権が瓦解（がかい）し、親西側政権が誕生している。カラー革命を体験したことで、グルジア、ウクライナは露骨にロシア離れを志向するようになり、それが2022年の現在にもつながっている。

キルギスの「チューリップ革命」はともかく、グルジアの「バラ革命」、ウクライナの「オレンジ革命」の背後には西側の政府やNGO（非政府組織）などがあったとされる。西側の支援と浸透があったからこそ、反政府運動が盛り上がり、独裁的な政権は打ち倒されたのだ。

そのカラー革命の原型は、2000年のユーゴスラヴィア（セルビア）におけるミロシェヴィッチ大統領の失脚だろう。

親ロ政権を崩壊させたカラー革命

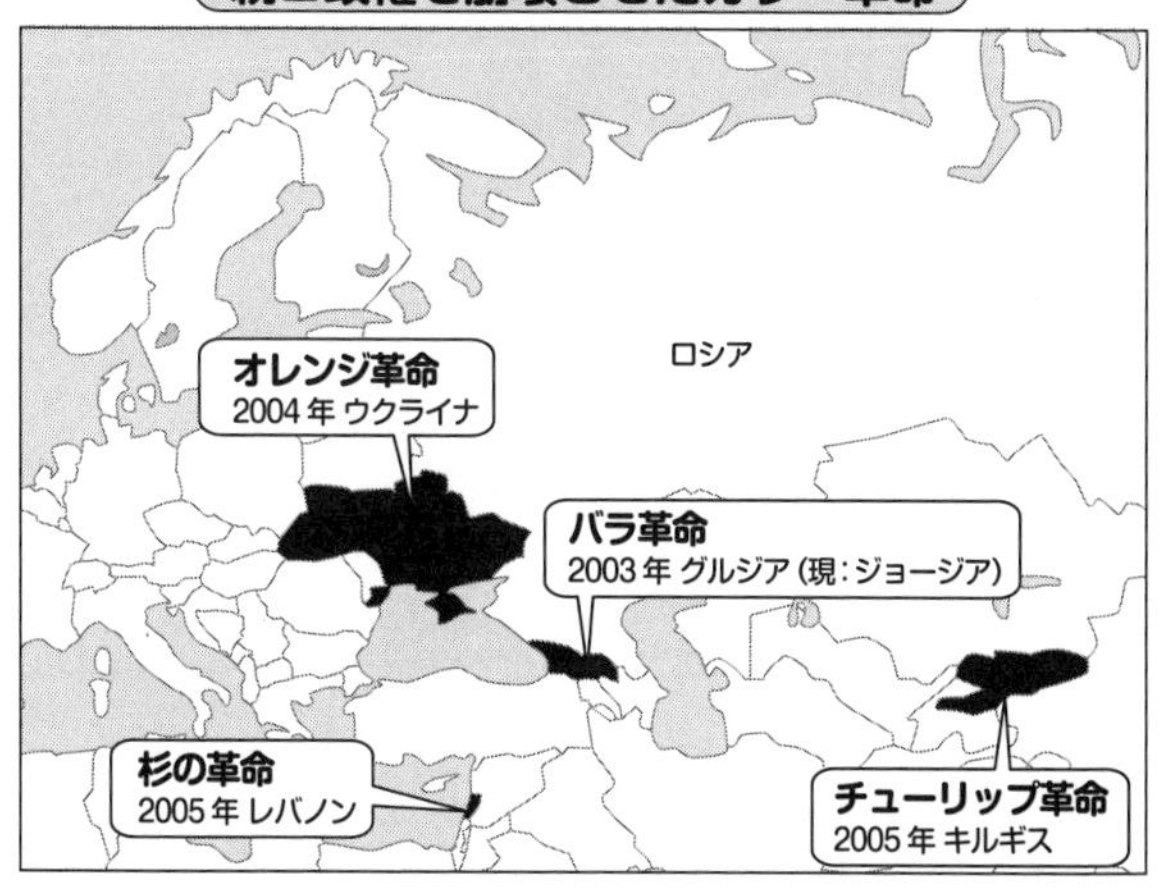

このとき、アメリカ政府やソロス財団（投資家・慈善家ジョージ・ソロスにより設立された国際的な助成財団）、欧米のNGOが反ミロシェヴィッチ勢力を支援し、政権を瓦解に追いこんでいる。その手法が、グルジアやウクライナにも用いられたのだ。

それは、1990年前後に起きていた「東欧革命」の旧ソ連版でもあった。東欧革命にあっては、東欧諸国の親ソ連の共産党政権が次つぎと打ち倒され、欧米寄りの民主政権が誕生した。

当時、ソ連はこれを容認するしかなかったが、2000年代になると、旧ソ連構成国のなかで親ロシア政権の崩壊が相次ぐようになった。

ロシアのプーチン大統領からすれば、カラー革命は西側勢力によるロシア圏の切り崩しである。もともとロシアは、旧ソ連の一員であるウクライナやグルジアを「同盟国」、あるいは「従属国」とみなしているところがあった。

その2国を西側がカラー革命によって引き剝がしにかかっていると、プーチン大統領は見た。だから、カラー革命を嫌悪し、その背後にいる西側諸国に強い不信を抱いた。その不信感が、ウクライナ侵攻に反映されているのだ。

西側諸国のロシア懐柔策「G7+1」はなぜ、失敗したのか？

G8

プーチン大統領が抱く西側諸国への強い不信感と不快感は、西側諸国のロシア懐柔政策が失敗した結果でもある。

西側のロシア懐柔政策とは「G8」だ。「G8」は、「G7」の拡大版である。G7のメンバーであるアメリカ、イギリス、フランス、ドイツ、日本、イタリア、カナダという西側諸国に加え、1998年に「G7+1」という形でロシアを迎え入れたのが「G8」だった。

1998年当時のロシアは、破綻した「かつての大国」にすぎなかった。その経済破綻ぶりから、主要国、先進国とはいいがたく、さらには民主国家にもなっていなかった。にもかかわらず、西側諸国がロシアを仲間に引き入れたのは、思惑があってのことだ。

そこには、ロシアが民主化を遂げ、西側の仲間になってほしいという企図もあっただろう。と同時に、ロシアを懐柔し、西側にとって物わかりのいい、協力的な国にしたいという意図があったのだ。

当時のNATOは、ロシアとの口約束を反故にするかのように東方拡大へ動こうとしていた。ロシアがG8入りした翌年の1999年には、チェコ、ポーランド、ハンガリーのNATO加盟が実現している。このNATOの東方拡大にあたって、ロシアを強硬にさせないためにも、西側諸国はご機嫌をとっていた。さらに2002年には、ロシアもNATOに準加盟している。

ロシアがG8にあった21世紀の初頭に進行していたのは、NATOとEUのさらなる東方拡大である。G8入りしていたロシアは、G7諸国との対立を避けようとしてきたから、NATOとEUの東方拡大をゆるしつづけていた。

ただ、そのロシアの西側諸国相手の譲歩、我慢も限界に達する。2014年、ウクライナのさらなる西側傾斜に歯止めをかけるべく、ロシアはウクライナに侵攻、クリミアを切り取った。

この年、ロシアのソチでG8のサミットが開催される予定であったが、中止となる。代わりにベルギーのブリュッセルで「G7」としてのサミットが開かれたが、ロシアが招かれることはなかった。

以後、ロシアが態度を改めるまでG8への参加を停止するとして、G7はロシアを敵視するようになったのだ。

◉G7——条約にもとづく組織ではないが、西側主要国の「連合」的な側面も

G7は「グループ・オブ・セブン」の略である。G7のサミットは、かつては「先進国首脳会議」、いまは「主要国首脳会議」と呼ばれている。

G7の原型は、アメリカ、イギリス、フランス、西ドイツ、日本による「G5」だ。これにイタリアとカナダが加わり「G7」となった。サミットは1975年にフランスで初開催され、以後、参加国が持ちまわりで開催している。1998年、ロシアが加わり「G8」となったが、2014年のロシア軍のウクライナ侵攻を機にロシアは排除され「G7」に戻っている。

G7のサミットでは、貿易、経済、安全保障、環境などさまざまな問題を共

同で話し合う。ただし、条約にもとづく組織ではなく、強制力もない。

現在、G7は西側諸国のみで構成されていることもあり、西側諸国の一種の「連合」の象徴、あるいは司令塔役にもなっている。

なぜ、G7は侵攻されたウクライナを支援したのか?

「G7」対「ロシア」

2022年のロシアによるウクライナ侵攻にあたって、G7はウクライナ支援に動いた。一致してロシアの行動を非難し、ウクライナに協力しようとしている。

G7がウクライナ擁護とロシア非難に動いたのは、自由、民主主義、法の支配、人権といった基本的な価値観を重視しているからだ。さらには、力による国境線の書き換えを認めないからだ。ロシアのウクライナ侵攻は、力による国境線の書き換えであり、ウクライナの自由、民主主義、人権を破壊しようとするものであるとして、G7はロシアを敵視したのだ。

と同時に、G7は西側諸国、さらには世界をまとめあげる意味で、先頭に立ってロシアを非難したともいえる。じつのところ、ロシアの侵攻に対しては表立っては何も言えない小国も少なくない。いっぽうで、世界には独裁国も多いから、独裁者プーチンによるロシアの侵攻を陰では応援したい政府もあるだろう。

そうしたなか、西側の有力国が何もしなければ、ロシアの侵略は半ば黙認されかねない。アメリカ一国が声をあげたとしても、他国が押し黙ったままであれば、同じである。G7は西側諸国をまとめあげ、西側諸国にロシアに抗する勇気を与えるためにも、先頭に立って動いているのだ。

ただ、先に述べたとおり、G7には法的基盤も強制力もない。共同声明を打ち出すのが関の山であり、ロシアの力に対して力では抗えない。それでも、G7の西側をまとめあげる「同盟的な能力」は侮れないものとなっているのだ。

ウクライナ侵攻の「その後」をめぐるロシアのジレンマとは?

NATOとウクライナ

ウクライナの西側への接近、NATO加盟を断固として阻止したいロシアだが、ウクライナがNATOに加盟したら、はたしてどうなるのだろうか。

ウクライナがNATOに加盟すれば、ロシアはウクライナを容易には攻められなくなる。NATO諸国が集団防衛に動くからだ。NATO軍とロシア軍とでは、通常戦力で大きな開きがあり、通常戦闘を展開すれば、ロシア軍に勝ち目はない。

けれども、2022年の時点では、ウクライナのNATO加盟は果たされていない。ウクライナの安全保障のために動く軍事同盟国がないから、ロシア軍はウクライナへの大胆な侵攻もできる。2022年のウクライナの悲劇は、確固たる軍事同盟を持たない国の存立がいかに危ういかを物語ってもいるのだ。

ウクライナ単独での対ロシア戦争には限界がある。ウクライナがNATOに加盟しないかぎり、加盟を阻止するために、ロシアはこれから先もウクライナに干渉してくるだろう。

ただ、そのいっぽう、ロシアがウクライナを攻撃すればするほど、ウクライナの住人の心はロシアから離れ、拒否するようになっていることもたしかだ。ロシアがウクライナを攻撃するに従って、ウクライナを西側に向かせてしまっているというジレンマを抱えているのだ。

ロシアのウクライナ蹂躙（じゅうりん）が今後、さらに国際非難を浴びるようになると、NATOがウクライナの早期加盟を決定する可能性も出てくる。これこそ、ロシアにとって悪夢の展開であり、これを阻止しようとロシアが危険な賭けに出るなら、悲惨な結末も待っている。

なぜ、ロシア軍はウクライナで想定外の苦戦をつづけているのか?

NATOのウクライナ支援

2022年のロシア軍のウクライナ侵攻は、ロシアの想定外の苦戦、長期化となっている。首都キーウ(キエフ)の制圧はむずかしく、黒海艦隊(こっかい)の旗艦「モスクワ」は海の藻屑(もくず)になった。

ロシア軍が苦戦しているのは、ひとつにはウクライナ軍を侮っていたからだろう。2014年のクリミア侵攻で電撃的な成功を収めていたため、侵攻すれば簡単に降伏するだろうと、たかをくくっていたふしがある。ロシア軍の定石(じょうせき)である多方面からの圧倒的な火力による進撃が見られなかった。

と同時に、ウクライナに備えがあったからだ。2014年にクリミアを奪われてのち、ウクライナはひそかにNATOと緊密化を進めていた。NATOが、弱体のウクライナ軍にそっと手を差し伸べたといってもいい。

NATOはウクライナに西側の兵器を与え、さらにNATOのアドバイザーたちはNATO式の戦術や訓練をウクライナの軍人たちに施(ほどこ)していた。NATOの兵器、戦術はロシアを上回るところがあったから、ウクライナ軍はロシア軍に善戦できたのだ。ウクライナはNATO加盟を果たしていないが、NATOの教育を受けたことで、軍の刷新・強化に成功していた。ウクライナは、軍人を通じてNATOとの結びつきを深めていたともいえる。

もうひとつ、ロシア軍の苦戦の要因を挙げるなら、ポーランドやバルト三国の国境線にかなりの兵士を投入していたからだ。それはNATO加盟国であるポーランド、バルト三国を威嚇し、ウクライナに協力させないためだが、ロシア軍の戦力分散にもつながっていた。

90万人程度の戦力しかないロシア軍が分散すれば、ウクライナへ進撃する力は弱まってしまう。その意味でも、NATOはロシアを苦しめていたことになる。

なぜ、ロシア軍はベラルーシからもウクライナに侵攻したのか？

CSTOとベラルーシ①

2022年のロシア軍によるウクライナ侵攻ルートには、ベラルーシからのものがあった。ウクライナは北ではベラルーシと接しており、ベラルーシから南下するロシア軍にも対処しなければならなかった。

なぜ、ベラルーシがロシア軍の策源地になったかといえば、ベラルーシがCST

非ロシア化していく旧ソ連圏

O（集団安全保障条約）に加盟しているからだ。

CSTOは西側諸国によるNATOのロシア版であり、ロシア主導の軍事同盟である。ベラルーシはCSTOに加盟しているから、ロシア軍に協力し、ウクライナ侵攻を支援したのだ。

じっさいのところ、ベラルーシのルカシェンコ大統領は、ウクライナ侵攻によって世界的に孤立したロシアの数少ない支持者だ。ルカシェンコ大統領とプーチン大統領の関係がそう悪くないこともあって、ベラルーシはロシアの協力者となった。

ルカシェンコ大統領はプーチン大統領に「核兵器をベラルーシに戻す」ように申請している。ベラルーシに核兵器を放棄させた「ブダペスト覚書」は、ロシアのウクライナ侵攻によって反故になったも同然だが、ルカシェンコ大統領は自国にふたたび核を置こうとしているのだ。ロシアがベラルーシに核を配備するなら、それは西側諸国に対する恫喝になる。それを計算してのことだ。

ルカシェンコ大統領がここまでロシアに協力的なのは、CSTOの一員であるとともに、ロシアの支援なくしては権力の座を維持できないからだ。

ルカシェンコ大統領は、1994年に就任して以来、30年近くその座にある。ベラルーシでも近年、民主化運動の機運が高まり、ルカシェンコは野党を弾圧することで辛うじて権力を維持してきた。

その弾圧が成功したのもロシアが手を貸してくれたからで、いまやルカシェンコ大統領はプーチン大統領のロシアと一蓮托生の身となっているのだ。

◉CSTO――ロシアをはじめ6か国からなる

CSTOは、1992年に組織された集団安全保障及び集団的自衛権にかんする軍事同盟だ。加盟国は、ロシア、アルメニア、ベラルーシ、カザフスタン、キルギス、タジキスタンの6か国からなる。主導するのはロシアであり、ロシアは圧倒的な影響力を持っている。

CSTOとベラルーシ②

ベラルーシがロシアにとって将来的なリスクになる理由とは?

ベラルーシは2022年現在、CSTO内においてロシアがもっとも頼りとしている国である。

ただ、ベラルーシが今後もCSTOの有力メンバーでありつづけるかどうかは、予測不能だ。というのも、ベラルーシのルカシェンコ大統領とロシアのプーチン大統領のどちらも孤立しがちな独裁者であり、両者は独裁者同士の互助関係にあるといっていいからだ。ルカシェンコ大統領あってこその、ロシアとベラルーシの同盟関係なのだ。

ルカシェンコ大統領の場合、国内にはその独裁に対する反対勢力も多い。かりにベラルーシでカラー革命が起きて政権が消滅し、親西側政権が登場するなら、一転してベラルーシはＣＳＴＯの不安定要因になる。

ロシアは力ずくでベラルーシを自陣営にとどめておこうとするだろうが、ウクライナ侵攻で消耗したロシアに果たしてどの程度の力が残っているか。ウクライナ問題の次に、ロシアはベラルーシ問題に直面し、さらなる同盟の危機を体験するかもしれない。

ロシアが軍事同盟ＣＳＴＯを拡大できない理由とは?

CSTOの限界

ＣＳＴＯはＮＡＴＯにくらべると、ずっと規模の小さな軍事同盟だ。２０２２年の時点で、ロシア、ベラルーシ、アルメニア、カザフスタン、キルギス、タジキスタンの6か国である。

いずれも旧ソ連の構成国だが、旧ソ連構成国のうち、ウクライナやバルト三国、ジョージア、さらには中央アジアのウズベキスタン、トルクメニスタンなども加盟していない。ＮＡＴＯが30か国によって構成されていることを考えるなら、かなり小規模である。

しかも、ロシア以外に共同防衛に役立ちそうな国はベラルーシくらいだ。キルギスやタジキスタンなどには、有事の共同防衛に大きな期待はできない。

CSTOの構成国は、ほとんどユーラシア経済連合と重なる。ユーラシア経済連合に加盟しているのはロシア、ベラルーシ、カザフスタン、アルメニア、キルギスの5か国であり、CSTOはこれにタジキスタンが加わっただけだ。

CSTOの加盟国が少ないのは、旧ソ連を構成したかなりの国がロシア以外をアテにしようとしているからだ。

もともとCSTOには、アゼルバイジャン、グルジア（現：ジョージア）、ウズベキスタンも加盟していたが、この3国はCSTOを去っている。ジョージアはNATO加盟を目指し、アゼルバイジャンはトルコと結びついた。ウズベキスタンの場合、ロシアや中国という大国と国境を接していない。さしたる軍事的脅威もないから、CSTOに魅力を感じなかったということもある。

結局のところ、ロシアの力に頼らざるをえない中小国がCSTOに加盟しているにすぎない現実がある。さらにいえば、盟主ロシアの魅力のなさが、追随（ついずい）国の少ない原因になっているのだろう。

CSTOが機能したのは、2022年初頭のカザフスタンでの反政府デモにおいてである。CSTO加盟国であるカザフスタンのトカエフ大統領は、ロシアに支援を要請し、反政府デモを押さえこんでいる。

そのカザフスタンであっても、CSTOにおける軍事活動には消極的である。2022年のウクライナ侵攻にあたって、ロシアはカザフスタンにも軍事協力を要請したが、カザフスタンはこれに応じていない。

第2次ナゴルノ・カラバフ戦争でなぜ、ロシアは同盟国を見捨てたのか？――「CSTO」対「NATO」

2020年、カフカス地方（黒海とカスピ海のあいだに延びるカフカス山脈沿いの地帯）のナゴルノ・カラバフ自治州の領有をめぐり、アルメニアとアゼルバイジャンが激突した。

「第2次ナゴルノ・カラバフ戦争」と呼ばれるこの戦いは、ドローンの活躍した戦争として知られる。アゼルバイジャン軍がトルコやイスラエル製のドローンを使用し、アルメニア軍のロシア製戦車を撃破し、戦いを優位に進めた。

アルメニアもアゼルバイジャンも、ともに旧ソ連の一員だが、アルメニアはCSTOに加盟している。いっぽう、アゼルバイジャンはCSTOに加盟していない。だから、アルメニアはCSTOの盟主であるロシアの大規模な支援をあてにしてい

第2次ナゴルノ・カラバフ戦争

たようだが、ロシアがアルメニアを直接支援することはなかった。そのため、アルメニア軍はアゼルバイジャン軍に敗退していったのだ。

ロシアが同盟国のアルメニアに大きな支援を与えなかったのは、トルコとの直接対決、さらにはＮＡＴＯとの対決を避けたかったからだ。

第２次ナゴルノ・カラバフ戦争の最大の特徴は、トルコのアゼルバイジャン支援である。アルメニアが勝利した第１次ナゴルノ・カラバフ戦争（１９８８年〜１９９４年）にあって、トルコは傍観者だったが、第２次の戦いでは民族的に近いアゼルバイジャンに味方した。ロシアにとってトルコの登場は想定外であり、トルコとの軋轢を嫌って介入を控えめにしたのだ。

すでにロシアとトルコは、シリアやリビアでの紛争で敵対している。第２次ナゴルノ・カラバフ戦争で、ロシアが正面からトルコと敵対するなら、シリアやリビアでの紛争解決がむずかしくなる。

しかも、トルコはＮＡＴＯの一員だ。トルコ軍とロシア軍の直接対決のような事態に陥るなら、ＮＡＴＯ軍までも出動しかねない。ＮＡＴＯ軍との直接対決ともなれば、核を使わないかぎり、ロシア軍の劣勢は否めない。

このような論理で、ロシアは同盟国のアルメニアを半ば見捨てたのだ。窮したアルメニアは、ＮＡＴＯの一員であるフランスに支援を求めたほどだ。フランスは、かつてのトルコによるアルメニア人虐殺をいまなお非難しつづけている。フランスなら、アルメニアの味方になってくれるかもしれないと期待したのだ。そのフランスとて、同じＮＡＴＯの一員であるトルコと軍事対決をする理由はない。

ロシアはといえば、アゼルバイジャンに対して「応じねば軍事介入する」と示唆することで、停戦に持ちこむのが精一杯であった。その停戦の中身を見るなら、ロシアの同盟国アルメニアがナゴルノ・カラバフの４割を失うという、アルメニアに不利なものであった。ロシアはＣＳＴＯの盟主として頼りないところを露呈してしまい、ＣＳＴＯは有名無実ではないかと世界に思わせてしまったのだ。

それは、ウクライナ問題にも影響を及ぼしている。ウクライナは、第2次ナゴルノ・カラバフ戦争でロシアとＮＡＴＯの力関係を見た。

トルコがＮＡＴＯの一員であることを見て、ロシアはＣＳＴＯの一員アルメニアの支援要請を渋った。ＮＡＴＯの力は、それほどに強い。ならば、半永久的にロシアの脅威からの安全保障となるＮＡＴＯに加盟するほうがよいという方向に動いたともいえる。

2章

経済圏を巧妙に主導し、世界を切り取る中国

◉一帯一路、上海協力機構、CPEC…

ウクライナの戦いで漁夫の利を得るのは、じつは中国？

「一帯一路」とウクライナ

ロシアとウクライナの戦いがどう決着するかは誰にもわからないが、戦いが終局へと向かうとき、存在感を増すのは中国だと推察されている。中国が、すでにウクライナに深く浸透しているからだ。

ロシアはウクライナをロシア圏とみなし、NATOと対決姿勢をつづけてきたが、そのあいだ、ウクライナに浸透していったのは中国経済だった。ウクライナは、中国の主導する「一帯一路（いったいいちろ）」に加盟しており、中国製品が数多く国内に出まわっている。すでにウクライナの最大の貿易相手は、ロシアではなく中国なのだ。

中国がウクライナを重視しているのは、ウクライナが「一帯一路」構想でのヨーロッパへの入り口だからだ。ウクライナから陸路をたどれば東欧諸国に行き着く。中国がウクライナの黒海（こっかい）沿岸に港を持つことになるなら、そこから先、中国は地中海へと進出もできる。

そのため、中国はウクライナを重視しつづけ、多くの投資も行なってきている。ウクライナは、中国によって借金漬けにされてもいるのだ。

中国が主導する「一帯一路」構想

ウクライナでの戦いが終わりに近づこうというとき、中国はロシアとウクライナのあいだで交渉役になることもできる。休戦交渉で大きな役割を果たせば、中国はウクライナにさらに浸透できる。

それればかりではない。戦闘が終わるなら、ウクライナの復興が取り沙汰されるだろう。復興には膨大な資金が要る。EUをはじめ、西側諸国もウクライナ復興支援にひと肌脱ごうとするだろうが、中国は西側諸国以上にチャイナマネーを投下する考えでいるはずだ。復興資金を大量に注げば、中国はウクライナにより大きな影響力を持つことができる。

中国が狙っているのは、旧ソ連の技術を継承するウクライナの軍事産業や宇宙航空産業だと見られている。さらには、ロシアに抗戦するためウクライナに流れこんだ膨大な西側兵器である。借金のカタにこれらを接収することになれば、国力、軍事力を一段と強化できる。中国は、ロシアとウクライナの戦いで漁夫の利を得ようとしているのだ。

2022年のカザフスタン騒乱は、ロシアと中国のせめぎ合いだった？

「上海協力機構」対「CSTO」

1章で取り上げた2022年のカザフスタン反政府デモの鎮圧にかんしては、じつはロシアと中国のあいだに暗闘があったともいわれている。

じっさいにデモを鎮圧したのはロシアの平和維持部隊だ。CSTOの一員であるカザフスタンのトカエフ大統領は、CSTOの盟主ロシアに支援を要請し、ロシアはすぐに動いたのだ。

ロシアには、すぐに動かざるをえない動機があったと思われる。そのひとつは、先の第2次ナゴルノ・カラバフ戦争（47ページ参照）で同盟国アルメニアを見殺しにしてしまったことだ。このままではロシアを盟主とするCSTOは瓦解しかねず、同盟が強く機能するところをアピールしたかった。

もうひとつ、中国も鎮圧のための軍派遣を狙っていたとされるからだ。中国も第2次ナゴルノ・カラバフ戦争におけるロシアの動きを見て、将来を見据えていた。ロシアの動きが鈍いならば、中国が平和維持部隊を派遣することでカザフスタンに恩を売り、さらにはCSTOから剝ぎ取ろうとも企図していたと思われる。

ロシアは、CSTOが機能しているところを示すためにも、さらにはカザフスタンを引きつづき自国寄りにしておくためにも、すばやく動かざるをえなかったのだ。じつのところ、カザフスタンをはじめ中央アジア一帯は、ロシアと中国による勢力圏争いの場になっている。それは、ロシア主導のCSTO、ユーラシア経済連合、中国主導の「上海協力機構」「一帯一路」の争いでもあるのだ。

上海協力機構は、中国をはじめユーラシア大陸の9か国による多国間協力組織であり、国家連合とも見られる。中国とロシア、さらには中央アジア諸国も加わっており、中国とロシアは上海協力機構のパートナーであるいっぽう、中国は上海協力機構を通じて、中央アジア方面への勢力拡大を狙っているのだ。

「一帯一路」も同じである。「一帯一路」は中国主導のユーラシア広域経済圏建設であり、ロシアや中央アジア諸国も加わっている。中国は「一帯一路」でも中央ア

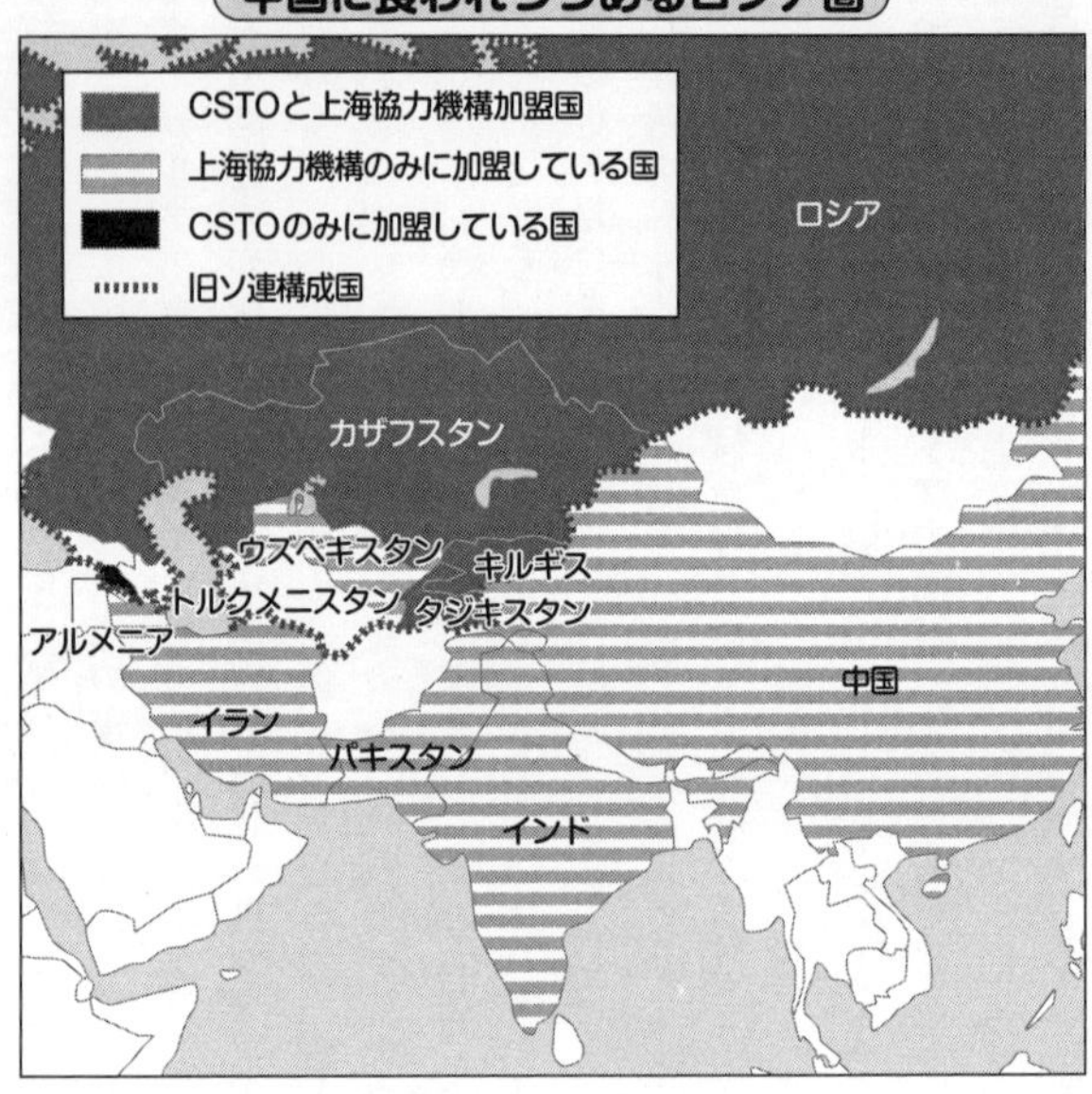

ジア浸透を狙っているのだ。

　このうち、上海協力機構には軍事同盟的な色彩（しきさい）がある。カザフスタンも機構入りしているからこそ、中国は反政府デモ鎮圧のための平和維持部隊をカザフスタンに派遣するつもりだったのだ。

　いかに中国が中央アジア諸国、とりわけカザフスタンを重視しているかは、カザフスタンの上海協力機構、一帯一路へのかかわりからわかる。

　カザフスタンは上海協力

機構草創以来のメンバーであり、2013年に中国の習近平主席が「一帯一路」構想の前身である「シルクロード経済圏」をはじめて提唱した地は、北京や上海ではなく、カザフスタンの首都アスタナ（ヌルスルタン）だった。

その中国の「シルクロード経済圏」構想を真っ先に支持したのは、ほかでもないカザフスタンのナザルバエフ大統領だった。以後、中国資本はカザフスタンに大挙進出し、カザフスタンは「中華経済圏」に取りこまれていく。

先の2022年のカザフスタン騒乱にあって、デモの怒りの矛先は、前大統領のナザルバエフに向けられていた。ナザルバエフ前大統領は中国にべったりで、中国企業をカザフスタンに呼び寄せたはいいが、カザフスタンの住人には恩恵がほとんどもたらされなかったからだ。

じつのところ、もともとデモを焚きつけたのは、ナザルバエフ陣営であったという見方もある。ナザルバエフは、現在のトカエフ大統領を中継ぎとしかみなさず、長女のダリガを未来の大統領に据えようとしていた。だからこそ、ナザルバエフ陣営はデモの怒りをトカエフ大統領に向かわせようとしていたが、その計算が外れてしまったのだ。

それは、トカエフ大統領にとっては逆襲のチャンスであった。騒乱の収拾ののち、ナザルバエフ前大統領の側近を拘束し、前大統領自身も完全引退に追いこんでいる。つまり、ロシア寄りのトカエフ大統領が、中国寄りのナザルバエフ前大統領の影響力を完全に削いだわけであり、ロシアはぎりぎりでカザフスタンを確保したといえる。さらには、CSTOの威信を回復させてもいるのだ。

◉上海協力機構——ユーラシア大陸に広がる中国主導の同盟

上海協力機構（SCO）は、中国、ロシアが主体となった多国間協力組織として、2000年に誕生した。参加国は、中国、ロシア、カザフスタン、キルギス、タジキスタン、ウズベキスタン、インド、パキスタン、イランの9か国だ。

上海協力機構は、中国とロシア双方の思惑から生まれている。1990年代、中国とロシアは多難な時代を過ごした。中国は第2次天安門事件の人民虐殺を問われ、世界的に孤立していた。いっぽう、ロシアはソ連崩壊を体験し、経済的に不安定であった。

中国とロシアはともに長大な国境線で接しているため、国境でのいざこざが絶えなかったが、両国ともに苦難の時代、敵対よりも連携の道を選んだ。中国はロシアのエネルギー資源を欲し、ロシアはエネルギー資源を売ることで経済的な復活を目指した。

これに地下資源の豊かな中央アジア諸国も加わり、1996年に「上海ファイブ」が結成された。これが上海協力機構の原型であり、2006年に中国、ロシア、カザフスタン、キルギス、タジキスタン、ウズベキスタンの6か国により上海協力機構が始動した。

こののち、インド、パキスタン、イランが加盟し、上海協力機構はユーラシア大陸にあって大きな存在となっている。主要メンバーである中国、ロシアがアメリカを敵視していることもあって、上海協力機構には反米同盟的な色彩もある。また、加盟国同士の共同軍事演習も行なわれており、軍事同盟的な側面もある。

中央アジアが中国とロシアの勢力争いの場となった理由とは？

上海協力機構の実態①

2022年1月のカザフスタン騒乱は、カザフスタンをめぐるロシアと中国の駆け引きの場であったが、じつは他の中央アジア諸国でも、中露の暗闘が展開されている。

中央アジアの国々でロシア主導のＣＳＴＯに加盟しているのは、カザフスタン、キルギス、タジキスタンの3か国だ。このうち、カザフスタンとキルギスは、ロシア主導のユーラシア経済連合（28ページ参照）にも参加している。

いっぽう、中国が主導する「一帯一路」には、トルクメニスタンを除く中央アジアのすべての国が加入している。そして、中国とロシアが主導する上海協力機構に加盟している中央アジア諸国には、カザフスタン、キルギス、タジキスタン、ウズベキスタンがある。

カザフスタン、キルギス、タジキスタンの3国は、ＣＳＴＯと上海協力機構の双方に加盟しており、中国とロシアの勢力争いの場にもなっている。これらの国のみならず、中央アジアのどの国も、ロシアと中国の双方からアプローチされているといっていい。

中央アジア諸国は、じつは旧ソ連の一部である。ソ連はＣＳＴＯやユーラシア経済連合を通して中央アジア諸国を傘下（さんか）に置きたいのだが、そうはなっていない。上海協力機構や「一帯一路」を使っての中国側の切り崩しがあるからだ。

中国が中央アジアを重視するのは、この地が「一帯一路」の中枢になるからだ。

ユーラシア大陸に拡大する上海協力機構

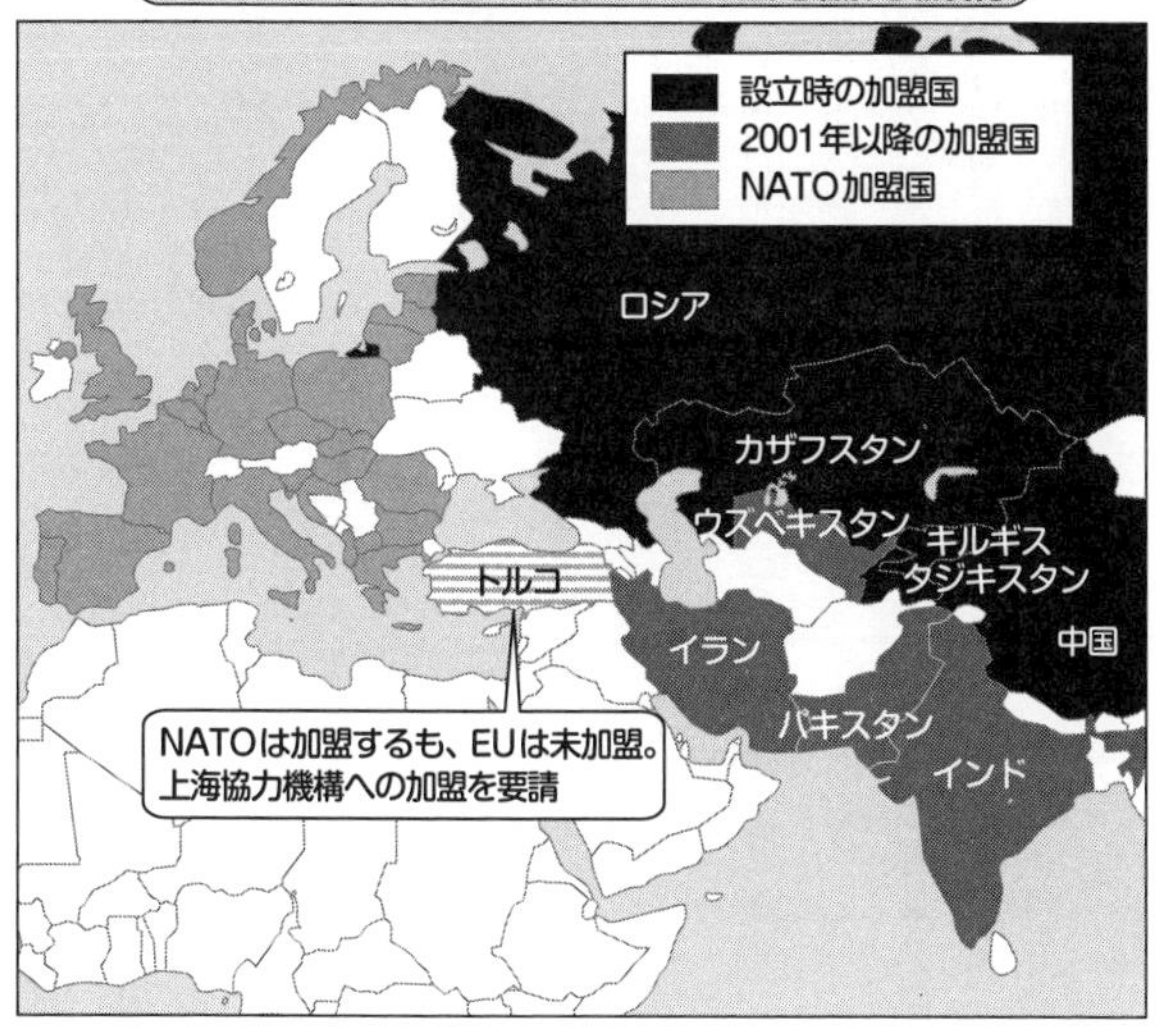

中国の「一帯一路」は、中央アジアをルートの経由地としてヨーロッパ方面へと延びていく。ゆえに中国は、中央アジア諸国を押さえておきたいのだ。

しかも、中央アジアは豊富な資源がある。とくにカザフスタンには豊富な原油、天然ガスがあり、トルクメニスタンの天然ガスの確認埋蔵量は世界のおよそ1割を占める。エネルギー資源の確保はつねに中国の大きな課題だ。

じっさいのところ、中央アジアでの中露の駆け引きは、中国の優勢がつづいており、中国経済はカザフスタンを取りこみつつある。「中国経済圏」入りしているのは、中央アジアのキルギスやトルクメニスタンも同じだ。両国はすでに、人民元を両替なしで使える国になっている。

すべては、中国とロシアの経済力の差である。中央アジア諸国は、経済力に乏しいロシアより、豊かな中国の傘下に入りたいのが本音だが、中国に完全に寄りかかるのもリスクを伴う。だから、ロシアと二股をかけているのだ。また、カザフスタンはCSTO入りしていることで、中国の完全支配を免れているともいえる。

なぜ、対中包囲網の一員であるインドが上海協力機構に加盟しているのか？

上海協力機構の実態②

上海協力機構の特徴のひとつは、インドが加盟を果たしているところだ。インドはつねに中国との国境紛争を抱えているうえ、日本やアメリカからは中国包囲網の一員ともみなされている。さらに、宿敵のパキスタンも同じタイミングで上海協力機構加盟を進めていた。にもかかわらず、インドは2017年に上海協力機構に正式加盟しているのだ。

インドが加盟したのは、そこにメリットを見てとったからだ。上海協力機構にはテロ対策や国境警備の組織という一面がある。テロリズムや分離主義、過激主義に対して共同で厳しく当たろうとしているのだ。

じっさい、上海協力機構の主要国である中国とロシアは、国内にテロリズムや分離主義の芽をはらんでいる。アフガニスタン方面からのイスラム過激派の国内流入は脅威となっているし、中国、ロシアとも少数民族を力で押さえこんでいる。中国は新疆（しんきょう）ウイグルとチベットで独立を強圧的に封じているし、ロシアもまたチェチェンを力で押さえこんだ。

ゆえに、中国とロシアは、対イスラム過激派、独立勢力の封じこめという点で連携ができた。その連携が上海協力機構となっていたのだ。

インドもまた、中国やロシアと同じ悩みを抱えている。イスラム過激派のテロは脅威となっているし、分離勢力も水面下で活動している。インド単独では、こうしたテロや分離勢力の押さえこみには限度があるから、上海協力機構に依存したのだ。

インドの狙いは、中国を宥（なだ）めることにもある。インドが上海協力機構を無視すれば、中国が上海協力機構を使って圧力をかけてきたり、嫌がらせをしかねない。中国からの圧力をやわらげるためにも、インドにとって上海協力機構への加盟は悪い選択ではないのだ。

上海協力機構の実態③

中国とロシアはなぜ、孤立するイランを受け入れたのか？

２０２１年、上海協力機構はイランの正式加盟を認めた。それは、世界に大きな衝撃を与えるものだった。

イランは核兵器保有を目指し、アメリカやイスラエルと強く対立してきた。ヨーロッパ諸国もイランの核兵器保有を脅威とみなし、敵対的であった。上海協力機構は、世界から孤立していたイランを受け入れたのである。それは、世界の勢力地図を将来的に書き換えるかもしれない加盟であった。

もともと、中国とロシアはアメリカと対立している。そこにイランが加わったのだから、上海協力機構の反米色はより強くなった。今後、アメリカと敵対する国家を上海協力機構がさらに取りこんでいくなら、ユーシラア大陸のど真ん中に強力な反米同盟が育っていくことになる。

また、イランを加盟させることで、上海協力機構はイランの核問題について重要な役割を持つことになる。アメリカをはじめ西側諸国は、イランの核問題を解決するために上海協力機構の協力を仰（あお）がねばならなくなるから、同機構の国際社会のなかでのプレゼンスは増す。中国とロシアは上海協力機構を使うことで、アメリカと渡り合うこともできるのだ。

上海協力機構のなかでも、とくに中国にとって魅力的だったのは、イランの石油だ。中国がイランの原油を半ば独占的に輸入できるなら、中国はエネルギー面での安全保障を得られるのだ。

いっぽう、イランにとっては上海協力機構は強力な後ろ楯となる。これまでイランを公然と支援する国はほとんどなく、イランは孤立しながらアメリカと暗闘をつづけねばならなかった。けれども、上海協力機構が後ろ楯となれば、イランがアメリカから譲歩を勝ち取ることも不可能ではなくなる。

さらに、上海協力機構加盟によって、イランは最新鋭の兵器を入手可能になった。イランがもっとも警戒しているのは、イスラエル戦闘機による核開発基地への爆撃だ。しかし、これまでイランが保有していた戦闘機や防空システムでは、イスラエルの戦闘機の撃墜はむずかしかった。

そのイランに、ロシア製の地対空ミサイルS-400や新鋭戦闘機SU35などの入手の道筋がついたのだ。イランが上海協力機構加盟によって軍事力のレベルを上げることになれば、今後の中東の勢力地図も変わっていくだろう。

多くの国が中国主導の「一帯一路」に参加した事情とは?

「一帯一路」の目的

現在、世界最大の広域経済圏となっているのが、中国が主導する「一帯一路」だ。2021年の段階で、参加国は140か国を上回っているとされる。

「一帯一路」構想を提唱したのは、中国の習近平主席である。その構想は2013年にはじまり、10年も経ずに100以上の国が加わった。

「一帯一路」には、ロシア、ウクライナ、中央アジア、東南アジア、中東、アフリカのほとんどの国が加わり、さらにはかなりのヨーロッパ諸国が参加している。東欧諸国の多くやフィンランド、バルト三国、さらにはEUの主要メンバーの1国であるイタリアも参加メンバーだ。中南米諸国にも参加している国がある。

「一帯一路」に参加していないのは、アメリカやカナダ、イギリス、フランス、ドイツ、オーストラリア、ブラジルなどだ。東アジアでは日本、台湾、北朝鮮が加わっていない。

世界の多くの国が「一帯一路」入りを望み、そしてじっさいに加わっているのは、大成長を遂げた中国経済に魅了されたからだ。中国と組むなら、中国の投資を得ら

ユーラシア大陸における「一帯一路」参加国

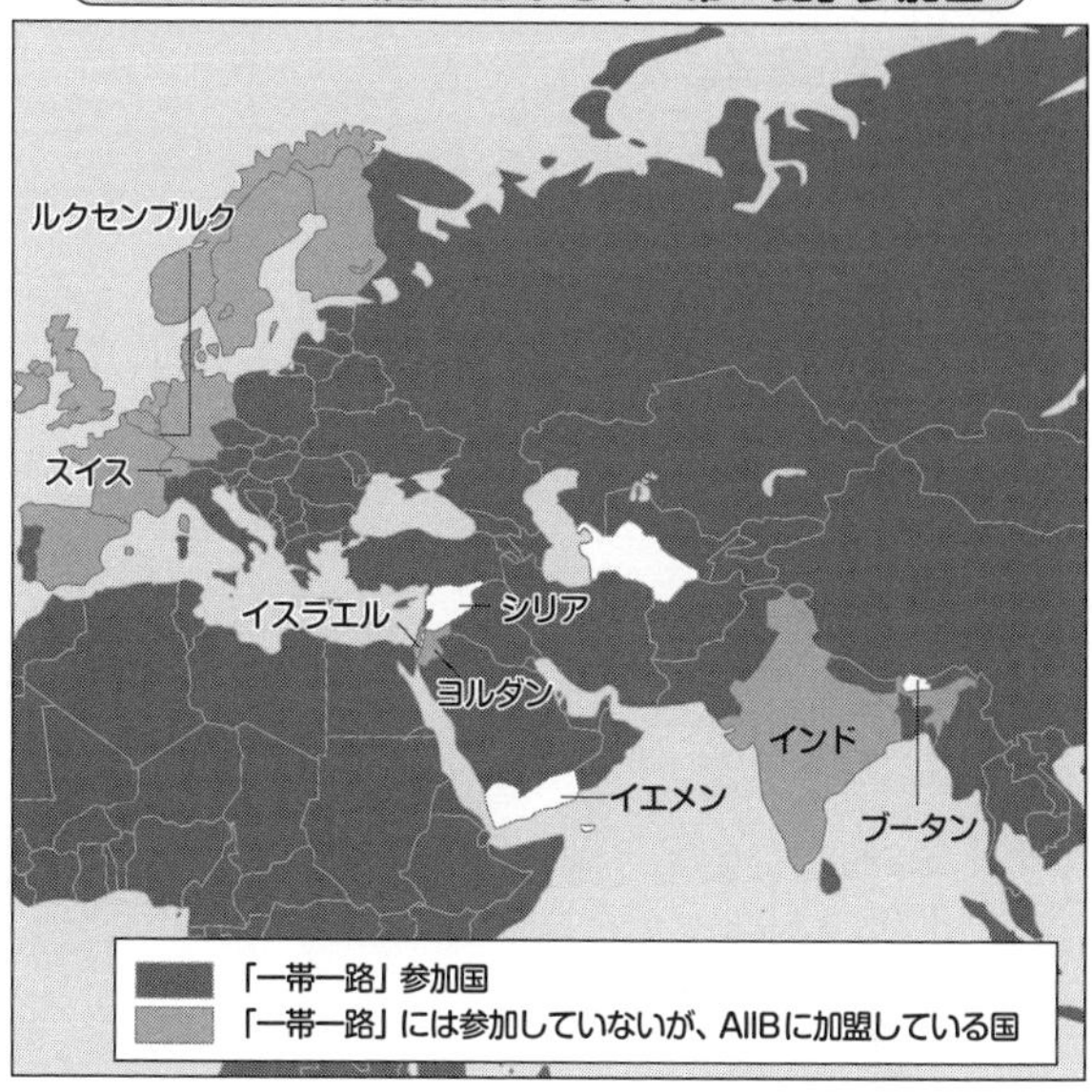

れ、経済発展が可能になる。そうした思いが多くの国にあり、「一帯一路」は大経済圏になったのだ。ドイツは「一帯一路」にこそ属していないが、欧米諸国のなかでもっとも中国に肩入れしており、実質、「一帯一路」の受け入れ先になっている。

中国が「一帯一路」を構想したのは、短期的な視点でいえば、2010年代のはじめ、アメリカが主導しようとしていたTPP（環太平洋パートナーシップ協定）

に対抗しようとしてのことだろう。現実にTPP構想の有力国であるアメリカ、日本、オーストラリアなどは「一帯一路」に参加していないから、当初「一帯一路」とTPPは競合する関係にあった。

長期的な視点でいえば、中国が「大中華経済圏」を打ち立てて、世界の覇権を握りたいからだろう。習近平主席は「中国の夢」を唱え、「偉大な中華民族の復興」をよく口にしてきた。一帯一路は「中国の夢」を達成する一大ツールなのだ。

「一帯一路」がとりわけ取りこみたいのは、西ヨーロッパ諸国だ。英仏独の西ヨーロッパ諸国は、NATOの主要国である。彼らまでを「一帯一路」に組みこんでしまえれば、アメリカと西ヨーロッパ諸国のあいだに楔(くさび)を打ちこみ、アメリカの力を弱めることもできる。

そのためのエンジンとなっているのが、「中欧班列(はんれつ)(中国欧州貨物列車：トランス＝ユーラシア・ロジスティクス)」だ。それは、中国とヨーロッパ諸国を結ぶ貨物列車であり、中国―ヨーロッパ間の物流のひとつの動脈になろうとしている。

中欧班列にはさまざまなルートがあり、カザフスタンを主とするものもあれば、キルギス、ウズベキスタン、トルクメニスタンなどを経由するルートもある。いずれのルートであれ、ドイツやフランス、ベルギー、スペインなどの都市が終着駅となっている。

その魅力は、輸送日時の短縮にある。上海からドイツのハンブルクまでスエズ運河経由の海路を使った場合、1か月以上かかるが、中欧班列の輸送なら16日で済むのだ。中欧班列の運行本数は、２０２０年の時点で1万２０００本を超えている。すでに中欧班列によって、中国と西ヨーロッパの物流は緊密化している。中国は中欧班列をエンジンに、西ヨーロッパを取りこもうとしているのだ。

◉一帯一路——「陸のシルクロード」と「海のシルクロード」の行き着く先

中国が主導する「一帯一路」は、ロシア、ウクライナ、中央アジア、中東、ヨーロッパ、アフリカにかけての広域経済圏だ。それは「一帯」と呼ばれる陸のルートと、「一路」と呼ばれる海のルートに分かれる。つまり、「一帯」は陸のシルクロード、「一路」は海のシルクロードとなる。

いずれのルートであれ、中国から最終的に行き着くところはヨーロッパだ。「一路」の場合、中国の港からベトナムのハノイ、シンガポール、スリランカなどを経由し、ギリシャのアテネ、オランダのロッテルダムなどへ行き着く。

「一帯一路」構想とセットになっているのが、ＡＩＩＢ（アジアインフラ投資銀行）の設立である。ＡＩＩＢは「一帯一路」を支援するための銀行であり、日本やアメリカが主導してきた「アジア開発銀行（ＡＤＢ）」に対抗するものだ。中国は「一帯一路」とＡＩＩＢを通じて、世界の金融覇権にも野心を持っているのだ。

中国がパキスタンとの関係を緊密化させた目的とは？

CPEC

「一帯一路」加盟諸国のなかでも、中国と特別な関係にあると目されているのが、パキスタンである。パキスタンは上海協力機構にも加盟しており、中国との結びつきを密にしている。

中国とパキスタンの密接の象徴となっているのは、ＣＰＥＣ（中国・パキスタン経済回廊）の建設だ。

ＣＰＥＣでは、アラビア海に面したパキスタンのグワーダルに巨大な港を建設する。そのグワーダル港からパキスタン国内を縦断、カシミールを抜け、中国の新疆ウイグル自治区のカシュガルまで巨大なインフラを延ばしていく。その全長はおよそ3000キロメートルに及び、総工費は600億ドルを超える。それは、パキスタンのGDP（国内総生産）の2割強にもなっている。

中国がCPECを重んじるのは、中東の石油を安定的に確保するためだ。現在、中東の石油はインド洋、マラッカ海峡を経て中国に運ばれてくる。

けれども、中国とインドの対立が深刻化し、中国のタンカーがインド洋を安全に航行できない事態に陥ると、どうなるか。あるいは、マラッカ海峡が封鎖される事態になるとどうなるか。中国はインド洋を使えなくなったときのことを見越して、CPECを構想したのだ。

グワーダル港は、オマーン湾の入り口に位置し、中東のホルムズ海峡に近い。グワーダル港からなら、インド洋を経由しないで、中東の石油を確保できる。だから、グワーダルに巨大な港を築き、グワーダルから中国へと石油パイプラインを運営しようとしているのだ。パキスタンにしても、チャイナマネーによって経済建設を進めたいから、両者の思惑は一致する。

CPECに代表される中国・パキスタンの緊密化は、インドに対する包囲網でもある。イスラム教国のパキスタンは、ヒンドゥー教国のインドと歴史的に対立し、戦争も経験してきた。

パキスタンは、中国と半ば同盟化することにより、インドに圧力を加えたい。中国もまた、インドとは国境紛争を経験しており、両国は微妙な関係にある。中国もまたインドを押さえつけるために、パキスタンと結びたい。

このように、中国とパキスタンは同盟的な関係にあり、インドを封じこめようとしているのだ。

中国が密かに狙う対インド海洋戦略とは？

「一帯一路」と「真珠の首飾り」戦略

中国のインド包囲は、陸からのみでなく、海からもなされている。それが、「真珠の首飾り」戦略だ。

「真珠の首飾り」戦略は「一帯一路」とも連動している。「一帯一路」の「一帯」は陸のシルクロードであり、「一路」は海のシルクロードだ。「一路」の海のシルクロードとは、中国の海洋進出であり、これが「真珠の首飾り」戦略でもある。

「真珠の首飾り」戦略では、南シナ海、マラッカ海峡、インド洋、ペルシャ湾までを結ぶ。

中国は「一帯一路」を通じて、タイランド湾に面するカンボジアのシハヌークビ

インドを封じこめる「真珠の首飾り」戦略

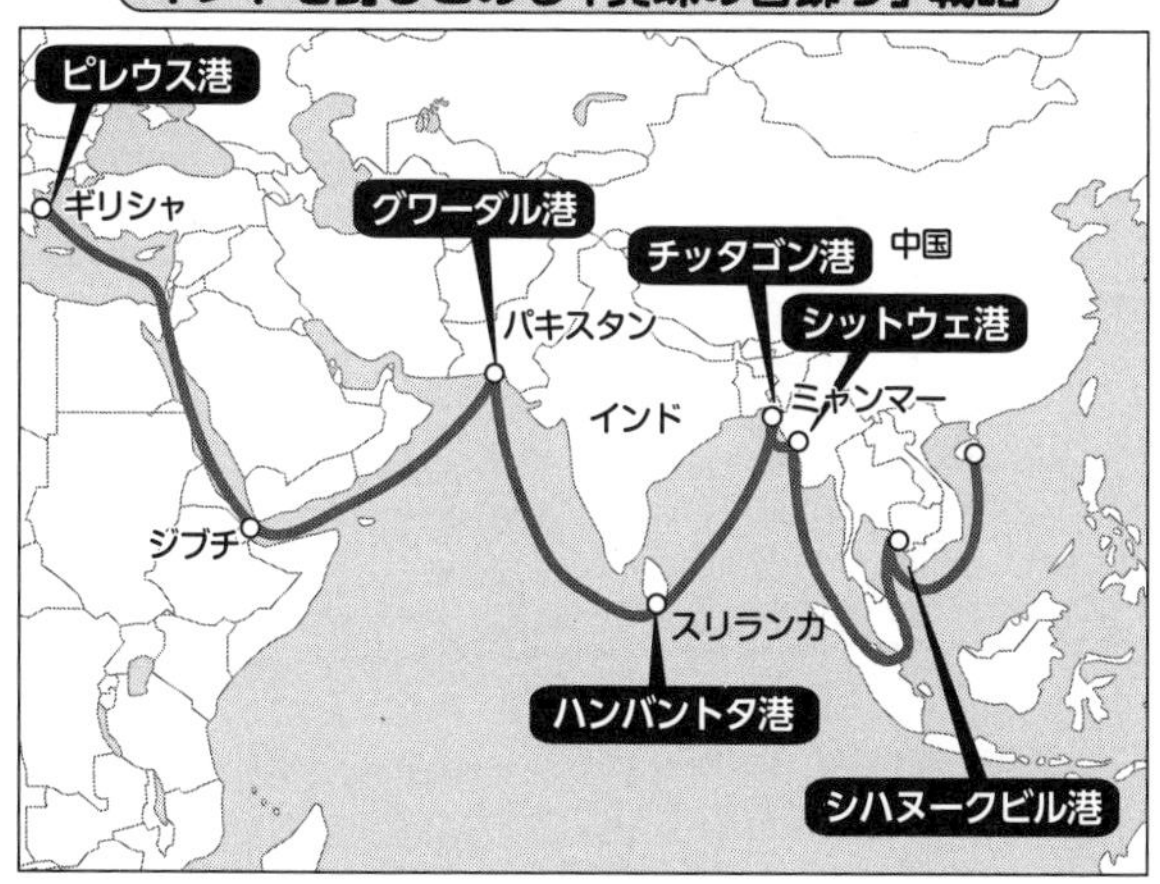

ル港建設に多大な投資を行なっている。それのみならず、シハヌークビルに近いリアム海軍基地に中国海軍の艦船の停泊を企図している。

また、中国は借金のカタに、インド洋に浮かぶ島国スリランカのハンバントタ港の運営権を得ている。アラビア海に面するパキスタンのグワーダル港の建設にも、大きな投資をしてきた。さらに紅海への入り口にあたるアデン湾に面するジブチには、海軍基地を設置している。ほかにも中国は、バングラデシュのチッタゴン、ミャンマーのシットウェといった港に影響力を有している。

中国は、ジブチ以外の港に本格的な

海軍基地を置くまでには至っていないものの、インド洋とその周辺に拠点を築き、インド洋に進出しはじめているのだ。中国がインド洋の港に本格的な海軍基地を運営するようになると、中国艦隊はインド洋に大挙して進出することになる。

それは、海からのインド包囲網となり、インドを黙らせ、さらには中国側に引き寄せるための威嚇にもなるのだ。

なぜ、インドはロシアへの非難を避けているのか？

インドとロシアの同盟的関係

2022年のロシアによるウクライナ侵攻は、世界の同盟と対立の地図を浮き彫りにした。そのひとつが、ロシアとインドの「同盟的」な関係だ。

国連安全保障理事会で、3月にロシアを非難する決議案が提出されたとき、インドは中国とともに棄権した。多くの国がロシア非難にまわるなか、非難をとりやめたのである。中国の棄権は世界では想定内であったが、インドの棄権を意外視した人もいた。

インドは、民主主義国家陣営の一員といわれる。そのインドがロシアを非難しなかったのは、インドとロシアに同盟的な関係が築かれていたからだ。

ロシアは、インドにとって重要な武器供給国でもある。インドは、長くソ連（ロシア）製の武器を調達してきた。主力戦闘機、主力戦車、原子力潜水艦、空母までソ連（ロシア）製がある。

近年は、ロシア製の防空システム「S-400」を導入しており、西側諸国の兵器の輸入はわずかにとどまっている。インドは軍備の充実と近代化についてロシアに深く依存しているところがあり、この一点でロシアとインドは同盟的な関係にあるのだ。

ある国から武器を調達するとき、それはたんに武器の売買だけでは終わらない。その武器を運用するための訓練や教習を受ける必要がある。高度な兵器ほど、そうした訓練や教習を受けなければならず、武器調達を通じて、買った国の軍人と売った国の軍人は密接に結びつく。軍人同士の連帯感は政治家にも影響し、一種の同盟関係になるほどだ。

アメリカと日本の関係も同じである。自衛隊がアメリカ製の兵器を調達することにより、日本の自衛隊員とアメリカの軍人は緊密化され、それが日米同盟の強化にもなっている。

インドの場合、それがロシアであった。ロシアから膨大な兵器を調達してきた歴史が、インドとロシアの関係を密接にし、同盟的な間柄（あいだがら）へと進展させたのだ。インドがロシアに傾斜したのは、インドが多方面外交を展開してきたからでもあるが、ひところアメリカを嫌っていたからだ。アメリカはパキスタンと結びつき、パキスタンを支援してきた時代がある。アメリカがインドの最大の敵であるパキスタンに与（くみ）したことで、インドはソ連に接近し、ソ連製武器を多く調達するようになったのだ。

ロシアもまた、インドとの緊密化は歓迎するところであった。インドのような大国をみずからの陣営に引き入れることができたら、アメリカとも対抗できる。

このように、インドとロシアの関係は深く、インドはロシアを頼りにしているところもある。すでに述べたように、インドは中国による包囲網に苦しみ、中国からつねに圧力を受けている。ゆえにインドはアメリカや日本とも結びつこうとしているのだが、それ以上にロシアをアテにしている。ロシアなら、中国を牽制（けんせい）できると見ているのだ。

インドにはロシアとの深い結びつきがあったから、ウクライナに侵攻したロシアに対する非難を控えたのだ。

なぜ、中国はロシアと軍事同盟を組まないのか？

中露同盟の可能性

中国とロシアは、緊密な関係にある。ともに「一帯一路」、上海協力機構の一員であり、習近平主席とプーチン大統領の仲もいい。両国は団結して、アメリカを非難し、まるで〝秘密同盟〟でも結んでいるのではないかと思えるほどだ。

かりに中国とロシアが、秘密裡にでも軍事同盟を組むのなら、それは日本やアメリカにとって大きな脅威になる。日本が尖閣諸島で中国の攻勢に晒されたとき、中露同盟に合わせてロシア軍が北海道方面で不穏な動きを仕かけるなら、日本は南北で対応を強いられ、尖閣諸島を失いかねない。

ただ、中国とロシアが軍事同盟を結ぶ可能性は低いとされる。中国側がメリットを感じていないからだ。

じつのところ、ロシアは中国に対して「軍事同盟」的な関係を打診したことがあるようだ。中露善隣友好協力条約の締結20周年にあたった2021年、同条約の更新に及んで、ロシアは両国の間柄を軍事同盟的な関係にまで引き上げることを望んだのだが、中国側はこれを断っている。

ロシアからすれば、中国と軍事同盟を結べば、アメリカにもNATOにも対抗できる。中露同盟相手には、最強国アメリカもNATOも強くは出られない。世界で孤立しがちなロシアからすれば、中国との具体的な緊密化が望ましかった。さらに、インドとも同盟を結び、中露印の三国同盟を結んだら、アメリカに完全に対抗できる。しかし、その構想は、中国側から拒否されたのだ。

中国が中露同盟を回避したのは、ひとつにはもともと「非同盟主義」を国策として打ち出しているからだ。だから大国ロシアと結んだのでは、非同盟政策が口だけだったということで、国際社会から失望の声があがりかねない。

もうひとつ大きいのは、中国はNATOと敵対したくないからだ。たしかにロシアと同盟を結べば、極東で日本やアメリカ相手に優勢に立つことができるかもしれない。しかし、NATOと敵対するデメリットも大きいのだ。

NATOがつねに対峙しているのは、ロシアである。中国がロシアと軍事同盟を結んでしまうと、NATOは中国も敵視することになる。中国は厄介な敵を増やしたくないし、そもそもヨーロッパ諸国とはうまくやっていきたい。だから、ヨーロッパを敵にまわすような同盟は結ばないのである。

さらに、ロシアと軍事同盟を結んでしまうと、ロシア軍の戦闘地域に中国軍を派遺しなければならなくなる。かりにウクライナに派兵すれば、ヨーロッパ諸国から完全に敵視され、NATOと危険な関係に陥る。現在、ロシア軍が活動中のシリアでも同じことだ。

21世紀になって、ロシアはグルジア（現：ジョージア）、ウクライナへと侵攻した。そのたびに国際社会はロシアを非難し、ロシアは国際的に孤立した。ロシアと軍事同盟を結ぶと、中国までが国際社会から袋叩きに遭いかねないのだ。

２０２２年のロシアのウクライナ侵攻にあって、ロシアは国際社会から猛烈に敵視された。当初、中国はロシア側に立とうとしたところがあったが、途中からは傍観者となった。

これも国際社会からの非難を恐れてのことであり、ロシアの孤立っぷりを見るなら、中国がロシアと同盟する可能性は将来的にも低いだろう。

なぜ、中国とロシアの団結は中国のみに利益をもたらすのか？

中露協調の実情

中国とロシアは、反米という点、独裁者同士の国というところで緊密だ。けれどもそれは表面上のことであり、中国とロシアの関係の実情を見るなら、中露の団結は中国が利するのみとなっている。中国は「一帯一路」や上海協力機構を利用しながら、ロシアを食い物にしているのだ。

その典型が、先に述べた「中欧班列」だ。「一帯一路」のエンジンである中欧班列は、中国とヨーロッパを結ぶ主要な陸上輸送となっている。当初、中欧班列はモスクワを経由していたが、やがて中央アジアルートがメインとなり、ロシア領を通過することは少なくなっていった。

それと反比例するように、中欧班列の輸送は大きく伸び、中国経済に利益を与えたのである。「一帯一路」の主役である中欧班列は中国の繁栄に役立ちはしても、ロシアにはほとんど何ももたらさなかったのだ。

中欧班列の大成功は、ロシアのシベリア鉄道を衰退させた。かつてユーラシア大陸の大動脈だったこの鉄道は、ロシアが鉄道の近代化に不熱心だったこともあって、中欧班列の成長に圧倒されたのだ。

たしかに、中国とロシアにはウィン・ウィンの関係もある。中国はロシアの原油や天然ガスを欲(ほっ)し、ロシアは中国に原油や天然ガスを売ることで稼いでいる。しかし、この経済関係にあっても、大きく成長したのは中国のみで、ロシア経済は停滞していた時代が長かった。ここでも、ロシアは中国の巨大化に貢献するだけであったのだ。

現在、中国のGDPはロシアの10倍にも達していて、経済力は比較にもならない。1人あたりのGDPにしろ、中国がロシアを追い抜いており、経済面でロシアは完全に中国の後塵を拝しつつある。

中露の経済関係は、いまや完全にロシアの中国依存というかたちになっている。中国はロシアの最大の貿易国であり、ロシアの貿易全体のおよそ17パーセントが中国相手のものだ。これに対し、中国の貿易全体でロシアが占める率はわずか1パーセントでしかない。

さらに、中国製の通信機器はロシア国内に浸透している。将来、中国が通信分野の覇権を握ったら、ロシアは完全に中国に従属させられるのだ。さらには、ロシアが「デジタル人民元経済圏」に組みこまれても不思議ではない。

すでに述べたように、中国は旧ソ連領である中央アジアの国々に深く入りこみ、「中華経済圏」に組みこんでいる。ロシアの経済が不振つづきともなれば、中国経済の影響力はロシアでさらに強まり、中央アジアどころか、ロシアも「中華経済圏」に組みこまれかねない。

中国に経済的に依存するロシアは、中国によって国土の侵食さえ受けている。ロシアのシベリアの森林資源は、経済成長をつづける中国には必要な資源だ。ロシアは木材を中国に売ることができるから、一見、ウィン・ウィンの関係に見えるが、中国人によるロシアの森林伐採(ばっさい)は、いまや自然環境を破壊するほどにまで拡大している。

結局のところ、中国とロシアは対アメリカでは共同歩調をとるものの、それ以外の分野、とくに経済では中国の利益になるだけになっている。「一帯一路」と上海協力機構によって、中国はロシアを侵食し、食い散らかしているのだ。

それでもロシアが中国に文句を言わないのは、中国が世界でも友好国となってくれそうな唯一(ゆいいつ)の大国だからだろう。

なぜ、中国は北朝鮮以外の国と「同盟」を組もうとしないのか?

中国の「非同盟主義」

中国とロシアが同盟関係を築く可能性が低い理由は、もうひとつある。それが、すでに紹介した中国の「非同盟主義」だ。非同盟主義は1950年代から1960年代にかけて提唱された外交のあり方で、東西冷戦下、どちらの陣営にもつかないという外交姿勢だった。

非同盟主義を貫こうとしたのは、インドもそうだし、中国もそうだった。中国の場合、北朝鮮を例外として、どの国とも正式な同盟関係を築くことはなかった。中国主導の「一帯一路」も「上海協力機構」も、そこに「同盟」の文字はなく、中国からすれば「同盟でない」と言い切れるのだ。

中国が非同盟の外交を展開するのには、そこにメリットがあるからだ。世界には同盟を嫌い、同盟でない友好関係を結びたがる国が多い。とくに軍事同盟の色彩が強くなれば、同盟国の戦いに自動的に加わらなければならない。これを嫌がる国は多々ある。

同盟はかならずしも対等というわけでなく、現在の日米同盟や、かつての日英同盟のように上下関係が生まれやすいから、多くの国は嫌うのだ。中国には、そうした同盟嫌いの国を取りこむために非同盟外交を展開しているふしがある。

中国外交がもっとも成功しているのは、アフリカだ。アフリカ諸国は「一帯一路」に進んで参加しているし、中国資本の進出を受け入れている。

それは、中国が非同盟主義を展開していたからだ。同盟を結ばないでいいから、アフリカ諸国がアジア方面に兵を差し出す必要もない。それでいて、チャイナマネーの恩恵にしっかり与かれる。

西側諸国の場合、支援する際に「民主化」の注文をつけることがあるが、中国はそんなことをいわない。独裁者の多いアフリカ諸国は、中国のカネをばらまく非同盟主義というソフトパワーに魅力を感じたのだ。

もちろん、中国もただのお人好しであるはずがない。中国はチャイナマネーの恩恵を与えるのみではなく、その国を「借金漬け」にしていく。気がついたときには、中国への借金で首が回らなくなり、借金のカタに国の要地を押さえられていく。アフリカのモーリタニアの場合、タコの漁業権までを中国に奪い取られ、日本相手の貴重な輸出資源を失っている。

中国はチャイナマネーと非同盟外交という甘いエサによって、その国を絡め取り、実質的な従属国にしているのだ。これが、じつは中国の「同盟政策」といえるものかもしれない。

◉非同盟主義——なぜ、中国やインドが提唱者になったのか？

「非同盟主義」は第2次世界大戦後、アメリカとソ連による東西冷戦が進むなか、生まれている。

新たに独立したアジア、アフリカ諸国は、アメリカ陣営にもソ連陣営にもつかない「第三世界」を形成しようとした。このとき、リーダーとなったのが中国とインドだ。

1954年、中国の周恩来首相とインドのネルー首相が会談した際に「非同盟主義」の概念が語られた。こののち、1955年にインドネシアのバンドンでアジア＝アフリカ会議が開催されたとき、非同盟主義は賛同された。1961年、旧ユーゴスラヴィアの首都ベオグラードで非同盟諸国首脳会議が開催され、非同盟主義が強く謳われている。

非同盟主義では、アメリカ陣営にもソ連陣営にも与せず、積極的な中立を保つことで、平和を維持するとした。それは、世界を二分していた米ソへの批判であり、「第三世界」の結束を呼びかけるものであった。中国やインドは「非同盟主義」諸国のリーダーとなることで、アメリカ、ソ連へ対抗しようとしたふしがある。

その後、非同盟主義は語られなくなるが、非同盟思想の影響はいまなおアジアやアフリカの国々に残っているようだ。

「一帯一路」の裏面

〝経済大国〟中国が小国を侵食する手法とは？

中国主導の「一帯一路」は多くの国で歓迎されて受け入れられたが、時間を経るにつれ、「一帯一路」の罠に陥る国が現れている。チャイナマネーに絡め取られ、借金漬けとなったあげく、国の要地を奪われるという事態が起きていることは、前項でも述べたとおりだ。

その典型がスリランカである。スリランカはひところ内戦状態にあり、世界から孤立していた。その隙を突いて中国がスリランカに接近し、大規模な経済建設の支援に乗り出した。

その代表が、ハンバントタ港の建設だ。中国の大規模な貸し付けにより、何もない漁村であったハンバントタに巨大な港が出現した。けれども、こうした大規模経済建設は、中国に対する膨大な債務を伴った。スリランカの場合、GDPの6パーセントもの対中債務を抱え、返済に苦しんでいる。

その結果、スリランカはハンバントタ港の運営権を99年間にわたって中国に与えることになってしまった。中国はハンバントタ港を手に入れることで、インド洋進出の橋頭堡を築いたわけだ。

中国は、「一帯一路」を通じて、その国に巧みに入りこみ、借金漬けにしていく。そして、その国が借金返済不能になれば、その国の土地や設備、権利を押さえ、巣喰っていく。「一帯一路」は、中国の間接的な領土拡大の手法でもあったのだ。

また、チャイナマネーによらず、「力」で参加国の領土を奪いにかかるケースも出てきている。中国はタジキスタンのパミール高原を、中国の歴史的な領土であったとみなし、タジキスタンから奪い取ろうとしている。タジキスタンはすでにパミール高原の一部を中国に譲っているが、それだけでは終わらない。中国はパミール高原全体の吸収を望んでいる。それはタジキスタンの国土の半分を奪い取るようなものだ。

さらに、中国国内では、カザフスタンを歴史的に中国の属国であったとする論文が次つぎと提出されている。それは、中国がカザフスタンを吸収しようとしている表れだ。キルギスに対しても、もともとは中国王朝の一部であるとして、属国化を狙っている。

タジキスタン、カザフスタン、キルギスは、上海協力機構に加盟しているし、「一帯一路」の参加国でもある。彼らは中国を協力者とみなしていたかもしれないが、じっさいには中国は〝侵略者〟になっていたのだ。

また、タジキスタン、カザフスタン、キルギスは、ロシア主導のCSTO加盟国でもある。だが、ロシアは3国の窮地に大々的に手を差し伸べることもできない。なぜなら、ロシア自身にさほど余裕がなく、中国と真っ向から対立することを望まないからだ。

「一帯一路」の実態

なぜ、「一帯一路」政策に綻びが生まれつつあるのか？

中国主導の「一帯一路」は、ユーラシア大陸からアフリカ大陸にかけてを「中華経済圏」に変えつつあり、いまのところは成功している。ただし、「一帯一路」は綻び(ほころ)も見せている。推進者である中国への疑念が生まれているからだ。

たとえば、チェコ、スロヴァキア、リトアニアなどは、このところ台湾へ接近をはじめている。この3か国は、台湾に欧米製の新型コロナウイルスワクチンを無償提供し、チェコの上院議長は台湾を訪問している。

こうした「一帯一路」参加国の台湾への接近は、中国のもっとも嫌うところだ。中国は台湾を国際的に孤立させ、吸収したい。何より、台湾を「国家」として認める国があってはならない。にもかかわらず、チェコ、スロヴァキア、リトアニア各国は、台湾を国家として遇するような動きに出ているのだ。

3国が台湾に接近しているのは、ひとつには中国がソ連（ロシア）と同じような体質の国であると気づいたからだ。

チェコ、スロヴァキア、リトアニアは、ともにソ連に抑圧されてきた歴史を持つ。とくにチェコやスロヴァキアの場合、1960年代に「プラハの春」という民主化運動をソ連によって粉砕された歴史がある。その歴史の記憶から、一国を抑圧し、民主化を破壊して平然としているような国を嫌う。彼らは中国と遠いこともあって、中国の持つ隠れた一面を知らなかったのだが、香港弾圧もあって、その抑圧的な体質に気づいたのだ。

3つの国は、台湾にみずからを重ね合わせた。台湾は小国でありながら、中国にできなかった民主化を達成し、高い技術力も有している。その台湾が中国に圧迫されるさまは、みずからがソ連（ロシア）の軛（くびき）を受けてきたありさまと重なるのだ。彼らは中国に嫌われてでも、台湾に理解を示さずにはいられなかった。

2022年、ロシアによるウクライナ侵攻がはじまると、こうした動きは広がる傾向にある。中国はロシア非難決議を棄権したばかりか、当初はロシアに味方するようなそぶりも示していた。

中国のこうしたありようを見て、「一帯一路」参加国のなかには、ロシアと同じような国なのではないかと見るようにもなっている。現在、「一帯一路」の主役である中国の信望が問われはじめているのだ。

3章

中国の浸透に揺らぐアメリカと同盟国の結束

●AUKUS、ファイブ・アイズ、米州機構…

「AUKUS」結成で鮮明になったアメリカの狙いとは？

2021年9月15日、アメリカ、イギリス、オーストラリアの同盟である「AUKUS（オーカス）」の発足が発表された。この「AUKUS」は中国を意識した同盟である。

目下のところ、AUKUSの目玉となっているのは、オーストラリアによる原子力潜水艦保有だ。オーストラリア、アメリカ、イギリスの共同開発により、将来、オーストラリアは原潜8隻を運用することになる。

オーストラリアの潜水艦にかんしては、ひところ日本でも話題になったことがあった。オーストラリアは「コリンズ」級潜水艦の後継として、日本の「そうりゅう」級をベースとする潜水艦を構想していた。ただ、フランスがそこに割って入り、結局はフランスとの共同開発による通常動力型潜水艦配備に動いていた。

話はこれで終わらなかった。このあと、アメリカの意思が働き、オーストラリアはフランスとの共同開発を破棄。米英との原潜共同開発に動いたのだ。

原子力潜水艦と通常動力型潜水艦とでは能力に大きな差がある。原子力を動力とする原潜こそが「真の潜水艦」といわれるくらいだ。

通常動力型潜水艦の場合、石油を燃料とし、石油を燃焼させる酸素をつねに必要とする。乗組員の生命維持にも酸素が必要だが、狭い潜水艦内の酸素搭載量には限界がある。酸素が切れかかると、酸素を補給するため、海上付近にまで浮上しなければならない。その瞬間は敵に探知されやすい時間帯である。しかも、活動時間には限界があり、燃料切れになるまでに母港に帰らねばならない。通常動力型潜水艦が潜航できるのは、せいぜい2週間程度だ。

いっぽう、原子力を動力とする原潜の場合、ウラン235の核分裂をエネルギーとするから、動力に酸素はいらない。さらに、豊富に得られるエネルギーによって海水を電気分解することで酸素を生み出しているから、艦内で酸素を自給できる。原潜は酸素を求めて海面付近に浮上する必要もなく、数か月の単位で潜航が可能だから、敵に発見されにくい。

さらに、原潜は通常動力型潜水艦よりも大型だから、弾道核ミサイルを搭載する「戦略型原潜」に使える。現在、原潜を保有しているのは、アメリカ、ロシア、中国、イギリス、フランス、インドの6か国であり、いずれの国も戦略型原潜を運用しているのだ。

そこに、ＡＵＫＵＳによって、オーストラリアが原潜を保有するなら、世界で7番目の原潜保有国となる。いまのところ、オーストラリア政府は原潜への核搭載を否定しているが、オーストラリアの原潜は核搭載の戦略型原潜になり得るのだ。

ＡＵＫＵＳによるオーストラリアの原潜運用の目的は、中国に対する牽制(けんせい)がある。中国の海洋戦略は膨張的であり、東シナ海、南シナ海はおろか、西太平洋から南太平洋までを視野に入れている。ＡＵＫＵＳはオーストラリアに原潜を保有させることで、中国の西太平洋、南太平洋での膨張に歯止めをかけようとしているのだ。

ＡＵＫＵＳは、原潜開発だけの同盟ではない。極超音速ミサイルや長距離攻撃能力の共同開発やサイバー・セキュリティ、人工知能（ＡＩ）、暗号化技術、宇宙にかんする研究でも協力していこうとしている。

極超音速ミサイルの開発は、中国やロシアも熱心である。極超音速ミサイルが将来の〝ゲーム・チェンジャー〟になり得るからだ。従来のミサイルでは極超音速ミサイルの迎撃は不可能であり、このミサイルが実用化されるなら、圧倒的な先制攻撃が可能となる。

ＡＵＫＵＳには、中国やロシアよりも早くに先端の軍事技術、サイバー戦技術を獲得し、優位に立ちたいという狙いもあるのだ。

◉ＡＵＫＵＳ――たんなる潜水艦の共同開発同盟ではない

ＡＵＫＵＳは、アメリカ、イギリス、オーストラリアによる軍事同盟である。「Australia・United Kingdom・United States」の略だ。

オーストラリア、アメリカ、イギリスはともに英語を公用語としている国であり、英語圏による太平洋同盟でもある。潜水艦の共同開発のみならず、安全保障のための先端テクノロジーの共同開発も目指している。

G2構想

なぜ、アメリカは親中から中国敵視政策へと舵を切ったのか？

ＡＵＫＵＳは前項で述べたとおり、アメリカの対中包囲網の一環である。北太平洋では日米同盟、米韓同盟、南太平洋ではＡＵＫＵＳを機能させ、中国の海洋進出に備えているのだ。

それは、アメリカの一大転換でもあった。１９７０年代以降、アメリカは中国を取りこもうとし、親中路線をつづけてきたからだ。

20世紀、ソ連が崩壊するまでは、中国はアメリカにとってソ連包囲網の重要なパーツであった。その軍事力、存在感は、西欧諸国や日本よりも期待を抱かせるものだった。1970年代の末から中国で改革開放運動が起き、中国が市場経済に向かうようになると、アメリカは中国を「未来の民主主義国」「将来性抜群のパートナー」として受け入れた。

2000年代、アメリカの政権内には親中派といわれる「パンダ・ハガー」たちが数多くいた。彼らは中国の代弁者であり、アメリカは中国の言い分なら何でも聞くようになっていた。ひところ、アメリカと中国は「同盟」のような関係にあったといっていい。

アメリカの中国へのリスペクトを象徴していたのが「G2」構想である。「G2」とは「グループ・オブ・ツー」であり、アメリカと中国という懸絶（けんぜつ）した二大国によって世界を取り仕切ろうというものだ。

この概念を提案したのはアメリカの経済学者であり、2000年代を通じて、アメリカのパンダ・ハガーから「G2」論が唱えられていた。G2構想にあっては、アメリカと中国は「同盟」を結んだも同然であり、「チャイメリカ」なる造語を唱える者もあった。

アメリカの対中姿勢が変わるのは、2010年代半（なか）ば、オバマ政権の後期からだろう。国内でパンダ・ハガーが退場し、中国を敵視する声が強くなったのだ。

アメリカが親中から転換し、中国包囲網同盟を形成するようになったのは、中国の野心をようやく理解したからだ。中国の南シナ海での膨張、アメリカ国内での中国勢力の浸透、中国国内におけるウイグル人の弾圧などを実感するに及んで、アメリカは中国を友好的なパンダではなく、危険な猛獣と見るようになった。

以後、アメリカはＧ２論を拒絶するようになる。じつのところ、中国からアメリカにＧ２構想を持ちかけたこともあった。要は「太平洋を二分しよう」という構想だ。ハワイを含む東太平洋はアメリカ、西太平洋は中国と管轄（かんかつ）を分担する。これにより「米中太平洋同盟」が完成すれば、西太平洋でのアメリカの防衛負担は消え去り、代わって中国が西太平洋の安全保障を請けおう。

それは、日本、台湾、フィリピンを中国陣営に切り換えさせるというものだった。中国による「米中太平洋同盟」構想に、アメリカはただならぬ野心を感じ取り、申し出を拒絶している。

２０１０年代後半のトランプ政権時代になると、アメリカは中国敵視政策をより明らかにしていく。それはバイデン政権にも継承され、ＡＵＫＵＳの誕生にもなったのだ。

AUKUSとANZUS

AUKUSの一員にオーストラリアが選ばれた理由とは？

ＡＵＫＵＳは、アメリカが太平洋に古くからコミットしている大国イギリスを巻きこみ、さらにオーストラリアを加えた同盟だ。アメリカにはオーストラリア以外の選択もあっただろうが、まずはオーストラリアを引きこんだのだ。

そこには、さまざまな事情が絡んでいる。ひとつにはオーストラリアがＡＮＺＵＳ（アンザス：オーストラリア・ニュージーランド・アメリカ合衆国安全保障条約）の加盟国だったからだろう。ＡＮＺＵＳとは、アメリカ、オーストラリア、ニュージーランドによる同盟である。

ＡＮＺＵＳは米ソの冷戦期、１９５０年代に形成されてきたが、しだいにニュージーランドの動向があやふやなものとなった。ニュージーランドはＡＮＺＵＳから脱退する方向に向かい、ＡＮＺＵＳから「ＮＺ（ニュージーランド）」の文字が抜け、「ＡＵＳ」になってしまった。ＡＵＫＵＳは、機能しなくなったＡＮＺＵＳの後継の同盟として構想され、ニュージーランドに代わって、イギリスが加わる格好になったのだ。

もうひとつ、オーストラリアに原潜を保有できる国内環境が形成されていたことも大きい。ニュージーランドの場合、原子力エネルギーの利用を否定しているし、国内に非核地帯を設けている。ニュージーランドが原潜を保有する同盟に加わるとは思えないから、AUKUSに加わったのがオーストラリアだったのだ。

オーストラリアが8隻の原潜を保有すれば、太平洋での中国対AUKUSの原潜数はAUKUSが上回るとされる。現在、AUKUSのリーダーであるアメリカは68隻の原潜を運用しているが、太平洋方面に投入できる原潜は10隻程度だ。

いっぽう、中国は50隻以上の潜水艦を運用し、そのうち10隻が原潜だ。原潜の数では中国とアメリカは拮抗(きっこう)し、中国の通常型潜水艦も考慮するなら、現状ではAUKUSは中国に劣勢ともいえる。ここでオーストラリアが運用するであろう8隻の原潜を加えるなら、AUKUSは原潜数で中国相手に優勢になり得るのだ。

今後、AUKUSには拡大の意図があるとされる。イギリスの国防参謀長は、AUKUSに日本などを含める可能性があるという認識を示している。日本は東シナ海で中国の攻勢を受ける身であり、AUKUSに加わる可能性はゼロではない。

ただ、AUKUSが原潜保有を前提とした同盟であるなら、どうだろうか。日本には非核三原則があり、国内での核アレルギーはいまだ強い。

さらに、AUKUSは極超音速ミサイル、長距離攻撃能力、敵基地攻撃能力の共同開発も目指している。専守防衛を国是としてきた日本にあって、極超音速ミサイルや長距離攻撃能力、敵基地攻撃能力の開発に対しては反対論も多い。

日本政府がAUKUS加盟に動こうとするなら、国論は二分されるだろう。アメリカは、こうした日本の内実をよく知っている。だから、AUKUSの初期メンバーに日本を入れることなく、オーストラリアを選んだのだ。

◉ANZUS——オーストラリアとアメリカを結びつけた日米戦争

ANZUSは、オーストラリア、ニュージーランド、アメリカによる安全保障条約であり、第2次世界大戦ののち、この3国は軍事同盟を結成した。アメリカはもともとアジア・オセアニア地域にNATOのような軍事同盟を構想していたが、この地域に影響力を持っていたイギリスに反対される。そこで、オーストラリア、ニュージーランドのオセアニア勢と同盟を組んだのだ。

オーストラリアがアメリカとの軍事同盟を選んだのは、イギリスに対する不信感の裏返しとしてのアメリカへの信頼感からだ。第2次世界大戦がはじまる前、オーストラリアはイギリス連邦の一員として、シンガポールにあるイギリス軍を頼りにしていた。

けれども、日米戦争がはじまると、シンガポールは日本軍の前に陥落させられる。イギリス軍は東南アジアから逃げ去り、オーストラリアは見捨てられたも同然となった。代わりに、日本軍の脅威に対抗してくれたのがアメリカであった。以来、オーストラリアはアメリカを第一の同盟国とみなしている。

ただ、ANZUSの不安定要因はニュージーランドだった。ニュージーランドが国内に非核地域を設け、核兵器に否定的であったからだ。そのため、新たにAUKUSが組織されることになったのである。

なぜ、ファイブ・アイズは限られた国のみで構成されるのか？

ファイブ・アイズ①

西側のアングロサクソン系諸国の安全保障に大きな力となっているのが、通称「ファイブ・アイズ」だ。正式には「UKUSA協定」という。

ファイブ・アイズとは、アメリカ、イギリス、カナダ、オーストラリア、ニュージーランドの諜報（ちょうほう）機関（インテリジェンス）による協定だ。5か国の諜報機関による機密情報の共有の枠組みといってもいい。とくにジギント（通信、電磁波、信号などの傍受を主とした諜報活動）による情報がここに集められ、ファイブ・アイズのコンピュータ・ネットワークは「エシュロン」と呼ばれる。エシュロンはさまざまな国や機関の秘密を盗聴することで悪名高いが、ファイブ・アイズのエンジンでもある。

ファイブ・アイズが世界の機密情報を秘密裡に集め、共有するということは、加盟国は情報戦の段階で圧倒的に優位に立つということでもある。ゆえに、アメリカやイギリスはファイブ・アイズを重視し、集団安全保障の中枢に置いている。

ファイブ・アイズの特徴は、加盟国をアングロサクソン系の5か国に限定しているところだ。西側主要国のフランスやドイツも仲間外れにされている。それは、ファイブ・アイズが機密の漏洩を恐れ、機密を厳重に秘匿するためである。

情報収集の拡大を理由に、ファイブ・アイズの仲間をさらに増やすと、たしかに情報はより集まるかもしれないが、機密が漏れる危険も高くなる。そのため、英語を母語とするアングロサクソン系、イギリス連邦を構成する5か国に加盟国をとどめているのだ。

ただ近年、ファイブ・アイズは、ファイブ・アイズに属さない西側の有力国とも情報の共有を進めようとしている。中国のサイバー攻撃にかんしては、日本、フランス、ドイツの3国との連携も試みられており、ほかに韓国やインドなどとも情報の共有に向かおうとしている。

◉UKUSA協定――第2次世界大戦中、アメリカとイギリスの結託で生まれる

UKUSA協定は、アメリカの国家安全保障局（NSA）、カナダの通信保安局（CSE）、イギリスの政府通信本部（GCHQ）、オーストラリアの信号総局（ASD）、ニュージーランドの政府通信保安局（GCSB）という5か国の諜報機関による協定だ。5つの諜報機関の「目」を通じた機密が集まるところから、ファイブ・アイズの名でも呼ばれている。

ファイブ・アイズの原型は、第2次世界大戦中に生まれている。大戦は各国の暗号解読戦争でもあり、暗号を解読し、情報戦を制した者が勝利を引き寄せることができた。そこから、アメリカの旧陸軍省とイギリスの政府暗号学校（現在の政府通信本部）が「信号諜報に関する協定」を結び、これが、ファイブ・アイズの源流となった。

第2次世界大戦後の世界では情報通信が高度化し、ジギントの必要性は日に

日に増した。米英はカナダ、オーストラリア、ニュージーランドを加えて、世界じゅうに通信傍受ネットワークを張りめぐらせていったのだ。

日本のファイブ・アイズ入りが取り沙汰されている理由とは？

ファイブ・アイズ②

アングロサクソン系5か国からなるファイブ・アイズだが、近年、揺らいでいる。ニュージーランドが共同歩調を嫌がるようになったからだ。

もともとファイブ・アイズは、機密情報の相互利用、共同利用を目指すことが目的だった。だがその目的は近年、変質している。ファイブ・アイズ各国は中国の膨張や少数民族弾圧に危機感を持ち、機密情報の共有以外にその権限を拡大しようという動きにあるのだ。

ファイブ・アイズは、共同で中国のあり方に懸念（けねん）を表明しようとしており、中国に対する連合という側面が生まれつつある。しかし、中国との関係を重視するニュージーランドは、中国を批判する連合としてのファイブ・アイズに不快感を隠せなくなっている。

このニュージーランドの動向もあって、ファイブ・アイズが注目しはじめているのが日本だ。

ファイブ・アイズが日本に注目したのは、日本が中国の大きな圧力を受けているからだ。それでいて、日本は中国陣営にくら替えせず、アメリカとの同盟を重んじている。ファイブ・アイズ内には、日本は対中国における同盟国として信頼し得ると見て、引き入れに動いているのだ。

すでに述べたように、情報漏洩を防ぐために、ファイブ・アイズは参加国を増やすことには消極的だ。だから、ファイブ・アイズが日本を加えてシックス・アイズになることはない。ニュージーランドの代わりに日本が入り、新たなファイブ・アイズとなる将来が考えられるのだ。

ただ、日本は機密情報が漏れやすい国という見方も強く、日本のファイブ・アイズ加盟は、日本の機密保持能力しだいでもある。

なぜ、米英はニュージーランドを不安視するようになったのか？

ファイブ・アイズの一員であるニュージーランドが、ファイブ・アイズの権限拡

大を嫌うのは、前項でも触れたとおり、中国を忖度してのことだ。

ウイグルや香港の弾圧問題では、ファイブ・アイズは共同声明によって中国を非難したが、中国と親密な関係にあるニュージーランドは「対中非難」を鮮明にすることについて躊躇していた。

たしかにニュージーランドも、新疆ウイグルにおける人権侵害には「重大な懸念」を表明している。けれども、アーダーン首相の政権は「ジェノサイド（大量虐殺）」への言及を避けている。

ニュージーランドがいかに中国を重視しているかは、その対中貿易からもわかる。２０２０年の段階で、ニュージーランドの輸出のおよそ3分の1は中国相手のものだ。その一点だけでも、ニュージーランドは中国に依存している。

また一時は「一帯一路」の支持に回っていたし、アメリカが敵視するファーウェイ（華為技術）にも寛容だった。近年、ニュージーランドも対中外交のあり方を変えようとはしているが、あいまいなままのところがある。

いっぽう、中国が狙っているのは、ニュージーランドの西側諸国からの引き剥がしである。中国が世界で膨張していくとき、もっとも障害になるのが、アメリカを中心とする西側諸国の各種の同盟だ。とくに太平洋方面では、日米同盟、ファイブ・

アイズを敵視しており、中国は日米同盟やファイブ・アイズを瓦解させ、日本やオーストラリア、ニュージーランドを同盟から引き剝がしたいのだ。

この同盟引き剝がしで、中国が成功しつつあったのが、オーストラリアとニュージーランドだった。とくに貿易によって中国依存を強めていたオーストラリアには深く浸透していた。

2010年代、中国はオーストラリアの主要貿易相手になっただけではない。中国資本はオーストラリア国内の不動産を獲得していった。オーストラリアの政治家からは多くの親中政治家が生まれたし、マスコミも中国を悪く書けなくなった。

さらに中国は、オーストラリアの大学を資金面で援助し、多くの留学生を送りこんだから、大学もまた中国への依存度を強めた。このまま親中路線、中国依存が進めば、オーストラリアは西側同盟から離れ、中国側にはしってもおかしくないレベルに達しようとしていた。

けれども、2020年にオーストラリアは路線を一変させた。中国に対する危機意識が覚醒すると同時に、新型コロナウイルスの世界流行に際し、オーストラリア政府は、ウイルスの震源地となった武漢の実態調査まで中国に要求した。

これに対して中国は、オーストラリアに「戦狼外交」を剝き出しにする。中国はこれまでオーストラリアに甘い顔をしつづけてきたが、今度は恫喝と「兵糧攻め」に出たのだ。

中国はオーストラリアからの輸入を禁止することで圧力をかけた。そうしてオーストラリアを屈伏させ、中国陣営に強引に引き寄せようとしたのだが、この外交戦術は失敗する。オーストラリアは中国に対する厳しい姿勢を崩さず、結局、中国はオーストラリアを西側の結束から引き剝がすことができなかった。

オーストラリアの対中姿勢の転換は、同国が西側諸国の重要な一員であることを西側の仲間に改めて確認させるものだった。ゆえに、アメリカとイギリスはオーストラリアを巻きこみ、AUKUSを組織したともいえる。

いっぽう、アメリカとイギリスはニュージーランドをAUKUSに加えていない。ニュージーランドの対中姿勢が、ぶれつづけているからだ。アメリカは、ニュージーランドをかつてほどには重要な同盟国扱いできないでいる。

2022年の時点で、ニュージーランドは微妙な位置にある。かつてほど中国寄りではないにせよ、中国とうまくやっていきたい気持ちもいまだ強い。中国からすれば、ニュージーランドは西側の結束から引き剝がせるかもしれない存在でありつづけている。

なぜ、中国は南太平洋での拠点づくりに熱心なのか？

中国・ソロモン諸島安全保障協定

アメリカ、イギリス、オーストラリアによるＡＵＫＵＳが始動するのに対して、中国側も南太平洋方面で強力な一手を打ってきている。それが、２０２２年4月のソロモン諸島との安全保障協定だ。

ソロモン諸島は、南太平洋にある独立国である。その中心はガダルカナル島であり、いわずと知れた日米戦争の大激戦地だ。ガダルカナル島のみならず、ソロモン諸島そのものが、日米の陸海軍が多くの血を流した地である。

ソロモン諸島は、かつてはイギリス領であったが、１９７８年にイギリス連邦の王国として独立を果たしている。そのソロモン諸島に中国が接近、安全保障協定を結んだのだ。世界がウクライナ情勢に目を奪われるなか、中国は大胆に動いた。

中国とソロモン諸島の安全保障協定には、中国軍や警察をソロモン諸島に派遣できるとしている。中国は、自国のプロジェクトを守るために部隊を使用できるし、中国の船舶のソロモン諸島への寄港も可能だという。中国は軍と警察をソロモン諸島に送りこみ、ソロモン諸島を掌握（しょうあく）するとともに軍事基地化までも見据えていると思われる。

ソロモン諸島が中国と安全保障協定を結んだのは、国内の騒乱に対処するためだと考えられる。じつのところ、ソロモン諸島は台湾との国交を持っていたが、2019年に4度目の就任となったソガバレ首相は台湾と断交し、中国との国交を選んだ。この中国傾斜に不満を持った住人が暴動を起こし、ソロモン諸島政府はオーストラリアに暴動鎮圧を求めた経緯がある。

ほとんど軍を持たないソロモン諸島は、これまでオーストラリアの軍や警察をあてにしていたが、そこに中国が割りこんできた格好となった。中国とソガバレ首相は緊密な関係となり、ソロモン諸島はオーストラリアから離れるかのようにして、中国と結んだのである。

いっぽう、中国がソロモン諸島と結んだ目的は、AUKUSに楔（くさび）を打ちこむためである。ソロモン諸島はハワイのアメリカ軍基地とオーストラリアを結ぶ線上にある。中国はソロモン諸島に拠点を置くことで、アメリカとオーストラリアの分断化を企図しているのだ。

それは、1940年代の日米戦争下、日本が計画したアメリカ・オーストラリア分断作戦と同じ構図にある。1942年、太平洋方面で攻勢に出た日本は、アメリ

1942年の日本と、21世紀の中国による米豪分断の違い

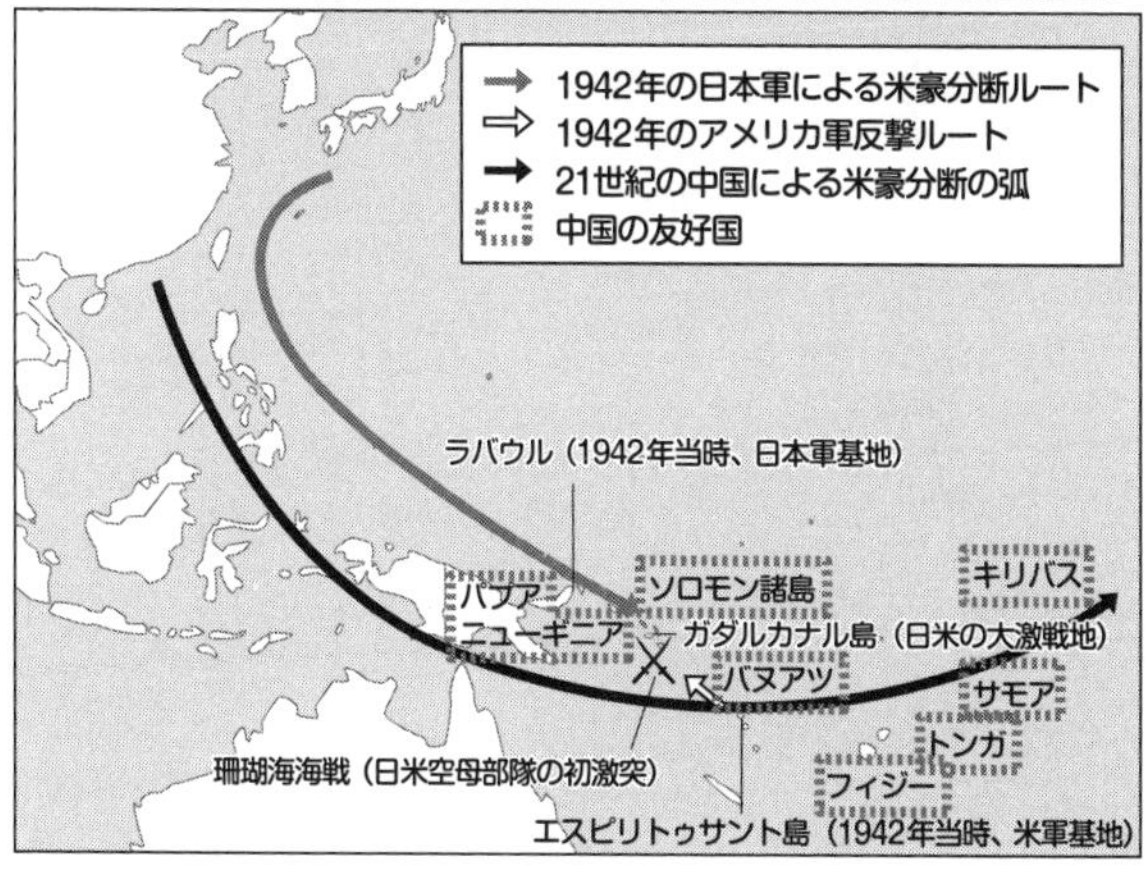

カとオーストラリアの連携を分断しようとした。それが、ソロモン諸島の制圧作戦となる。

日本はソロモン諸島からその先、東へと翼を広げ、フィジーやサモアまでも切り取ることでオーストラリアを孤立化させ、アメリカと連携できないようにすることを狙っていた。けれども、アメリカがガダルカナル島を起点に本格的な反撃をはじめたことにより、日本によるアメリカ、オーストラリアの分断作戦は頓挫させられている。

2020年代の中国は、1940年代の日本よりもずっと狡猾で、スマートであった。中国は平和的な交渉のもと、ソロモン諸島を中国側に抱きこみ、

アメリカとオーストラリア分断の第一歩を成功させていたのだ。

南太平洋諸国に浸透する中国が描く未来図とは？

太平洋諸島フォーラム

ソロモン諸島と安全保障協定を結んだ中国だが、それは南太平洋諸国に対する「中国陣営化」戦略の一環でしかない。中国はソロモン諸島のみならず、パプアニューギニア、バヌアツ、フィジー、トンガ、ツバル、サモアといった南太平洋諸国も中国側に巻きこもうとしている。

それは、中国の「一帯一路」対オーストラリアとニュージーランドの主導する「太平洋諸島フォーラム（ＰＩＦ）」の対決でもある。「太平洋諸島フォーラム」は地域経済協力機構であり、メラネシア圏、ポリネシア圏、ミクロネシア圏の諸国が参加し、オーストラリアとニュージーランドが援助供与国となっている。

この太平洋諸島フォーラムのなかに割りこんできたのが「一帯一路」であった。中国はチャイナマネーによって、太平洋諸島フォーラムの国々を中国寄りに引き寄せていったのだ。

太平洋諸島フォーラムの国々のなかでも、現在中国寄りになっているのが、パプアニューギニア、フィジー、バヌアツ、サモア、トンガなどだ。

中国はこれらの国々に積極的に投資し、バヌアツのルーガンビル港の近代化も支援してきた。西側諸国は、中国がルーガンビル港を中国海軍の拠点にするのではないかと疑いはじめている。

バヌアツについて振り返るなら、この地は日米戦争の鍵であった。ガダルカナル島で奮戦するアメリカ軍を支援したのが、バヌアツを構成するニューヘブリディーズ諸島だったからだ。

アメリカはニューヘブリディーズ諸島を策源地とし、ガダルカナル島へ絶え間なく物資を送りこむことで、ガダルカナルの日本軍を破った。21世紀、そのニューヘブリディーズ諸島は、中国に押さえこまれようとしている。

中国の「一帯一路」による南太平洋進出の目的は、すでに述べたように、アメリカとオーストラリアやニュージーランドの分断である。パプアニューギニア、ソロモン諸島、バヌアツ、フィジー、トンガ、サモアの東西ラインが中国に与（くみ）するようになれば、オーストラリアとアメリカは完全に切り離される。

さらには、ニュージーランドまでもが切り離される。これは、1942年の日本軍が目指した作戦そのままであり、中国は平和裡に達成しつつある。

中国の南太平洋での陣地取りは、オーストラリア、ニュージーランドの孤立化狙いでもある。オーストラリア、ニュージーランドが孤立感を深めていけば、外交政策も転換しかねない。両国が西側と距離を置き、中国陣営に傾くことも考えられる——中国は、そこまで狙っているのだ。

中国の攻勢に対し、オーストラリア、ニュージーランド主導の太平洋諸島フォーラムはなす術を失っている。太平洋諸国フォーラムには内輪もめがあり、分裂の様相があるからだ。パラオ、マーシャル諸島、キリバス、ナウル、ミクロネシア連邦と離脱する国もつづいてしまっている。そもそも、太平洋諸島には歴史的な一体感も連帯感もない。オーストラリア、ニュージーランドに力がないと、まとめきれないのだ。

オーストラリアやニュージーランドと、ほかの（太平洋諸国）国々はまったく異なる。オーストラリアとニュージーランドは、民主主義で自由を尊重する白人の国だ。ほかは非白人の部族型の国家であり、オーストラリアやニュージーランドのあり方に対する違和感や抵抗感がある。

たしかに、オーストラリアは太平洋諸国の保護者として振るまおうとし、各国の社会の混乱を収拾しようともしてきた。ただ、それは白人の通念の押しつけでもある。しかも、事と場合によっては、部族社会の考えと対立するものだ。太平洋諸国は、オーストラリアを「正義をふりかざすだけの、他人を理解できない国」ともみなしているのだ。

いっぽう、太平洋諸国に浸透しようとする中国は余計なことをいわない。中国からすれば、政治家の腐敗や社会の混乱などどうでもいいことだし、むしろ、社会が混乱し、停滞するにつれて中国の出番は増える。

オーストラリアとニュージーランドが対策を立てあぐねているうちに、中国は確実に太平洋諸国に浸透し、オーストラリアとニュージーランド包囲網を固めていくだろう。

◉太平洋諸島フォーラム——なぜ、離脱国がつづくのか？

太平洋諸島フォーラム（ＰＩＦ）の原型となったのは、第２次世界大戦後まもなくに設立された南太平洋委員会だ。１９７１年に「南太平洋フォーラム」となり、２０００年に現在の名称に変わった。

援助供与国となっているオーストラリアとニュージーランドがリーダーである。当初の参加国は、パプアニューギニア、ソロモン諸島、バヌアツ、フィジー、ツバル、サモア、トンガ、クック諸島、ニウエ、ミクロネシア連邦、ナウル、マーシャル諸島、キリバスといった太平洋に浮かぶ国々だった。

ただ、多くの国は歴史的なつながりに乏しく、連帯感はない。近年は、離脱国も現れている。

太平洋諸国が中台の暗闘の場になった理由とは？

台湾と国交のある国・ない国

中国が太平洋諸国に浸透してきているのは、オーストラリアとニュージーランドを包囲し、オーストラリアとアメリカを分断したいからだけではない。もうひとつの狙いがある。それは、台湾の世界的孤立化だ。

台湾を吸収したい中国には、世界的な「対台湾戦略」がある。台湾と国交のある国を切り崩し、台湾と断交させ、中国との国交樹立を選ばせるというものだ。そのひとつの戦線が、南太平洋なのだ。

太平洋諸国のうち、台湾と国交を持つ国は、2018年の段階でキリバス、ソロモン諸島、ツバル、ナウル、パラオ、マーシャル諸島の6か国があった。中国は、この6か国を切り崩し、みずからに引き寄せたい。それが、中国の太平洋諸国への浸透のもうひとつの狙いなのだ。台湾が世界のなかで完全に孤立するなら、中国は堂々と台湾を併合できるだろう。

もちろん、台湾も中国の戦略をわかっており、警戒もしている。過去に世界各地で国交断絶の屈辱を味わってきた台湾だが、国交のある国は２０１８年時点で17か国に減ってしまっていた。そんななか、太平洋諸国には6か国も台湾と国交のある国が残っていたから、台湾は太平洋諸国を重視した。

台湾の蔡英文総統は、２０１７年にツバル、ソロモン諸島、マーシャル諸島の3か国を歴訪、２０１９年3月にはパラオ、ナウル、そしてふたたびマーシャル諸島を訪れている。台湾とパラオとナウルのあいだでは、海上保安協力にかんする覚書も署名されている。台湾は6か国のつなぎ止めに必死だった。

けれども、中国は台湾の国交維持戦略を覆す。２０１９年9月、ソロモン諸島とキリバスがつづけざまに台湾と国交を断絶、中国と国交を結んだのだ。

それは、チャイナマネーに対する台湾マネーの敗北でもあった。太平洋諸国での中台の陣取り争いは、援助競争である。太平洋諸国もしたたかであり、援助の多い国につきたがる。最後は資金力の差になり、中国は台湾からソロモン諸島とキリバ

中国の南太平洋進出と台湾の孤立化

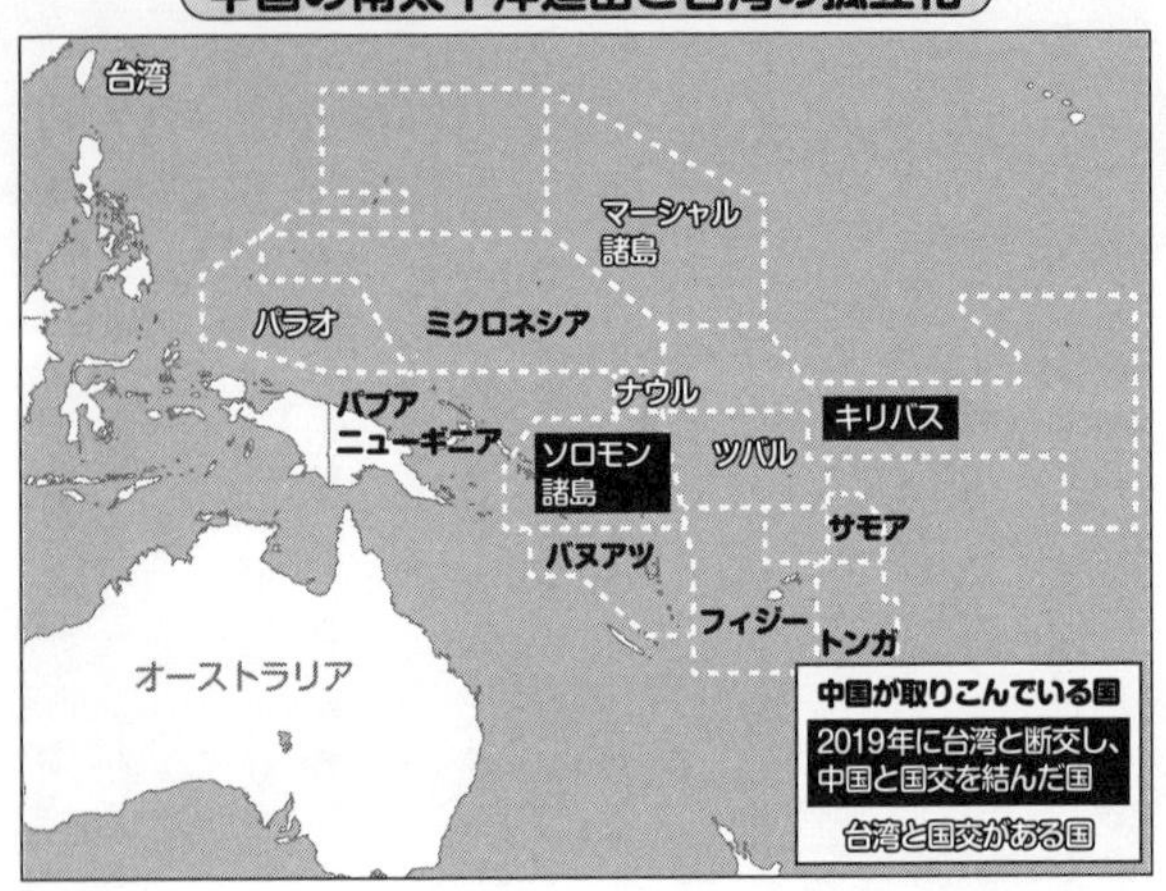

スを奪い取ったのだ。

この結果、太平洋諸国のうち、台湾との国交を維持しているのは、ツバル、マーシャル諸島、パラオ、ナウルの4か国のみとなってしまった。もちろんこの先、中国が手を緩めるはずもなく、残る4国の切り取りにかかってくるだろう。

このように、中国は台湾を世界的な孤立に追いこもうとし、西側諸国もようやく、その中国の戦略に気づきはじめた。

残る親台の太平洋諸国4か国がどうなるかは、もはや台湾のみの問題ではなく、西側陣営の問題にもなりはじめているのだ。

なぜ、ニカラグアやベネズエラは米主導の同盟から抜けたのか?

アメリカにとって、中南米、つまりラテンアメリカは〝裏庭〟のようなものである。アメリカは中南米諸国と「米州機構」で結束し、さらには「米州相互援助条約」も結んでいる。

米州機構（OAS）とは、南北アメリカ大陸の諸国が加わった国際機関だ。アメリカ主導の体制のもと、多くの国が参加している。米州相互援助条約とは、アメリカと中南米諸国間の安全保障にかんする軍事同盟である。これもアメリカ主導の体制であり、かなりの数の中南米諸国が加盟している。

アメリカはこれまで、米州機構と米州相互援助条約によって、中南米と緊密な関係を築いてきた。それは、アメリカの唱えてきた「モンロー主義」に則ったものだ。

アメリカは伝統的にヨーロッパの争いに介入しない代わりに、ヨーロッパに対してもアメリカ大陸に介入させないようにしてきた。これが「モンロー主義」であり、第5代アメリカ大統領モンローが唱えて以降、明確な国是となっていた。中南米諸国はアメリカの忠実な同盟国でなければならず、中南米諸国がアメリカ以外の国家と緊密化するのはゆるされない話だった。

けれども近年、アメリカによる中南米の「同盟」体制は揺らいでいる。米州相互援助条約にかんしては、2004年にメキシコが脱退、2012年にはベネズエラ、エクアドル、ボリビア、ニカラグアが脱退している。

米州機構では、2017年にベネズエラが、2021年にはニカラグアが脱退を表明している。ベネズエラとニカラグアの2国は、米州機構、米州相互援助条約の両方から離脱してしまったのだ。

近年、米州機構と米州相互援助条約が揺らいでいるのは、ひとつにはアメリカへの反発がある。アメリカは長いこと米州機構と米州相互援助条約を通じて、中南米を従属国であるかのごとく振るまってきた。

また、中南米に気に入らない独裁型の政権が登場すると、これを崩壊に追いやってきた。1983年にはグレナダに侵攻、親米政権を誕生させた。1989年にはパナマに侵攻し、独裁者ノリエガの政権を打ち倒している。2002年には、ベネズエラの反チャベス大統領のクーデターを支援した。ただ、このクーデターは失敗し、中南米諸国のアメリカに対する信頼の瓦解にもつながっている。

たしかに、アメリカの経済力、軍事力は強大であり、抗(あらが)いがたい。それでも、アメリカ主導の同盟に嫌気（いやけ）がさす国が出はじめているのだ。

ベネズエラの場合、左派のチャベス政権の誕生が大きかった。チャベスは、アメリカと対立するキューバのカストロの影響を受け、反アメリカを掲げて大統領に当選した。以後、チャベスは公然とアメリカと対立し、その対立はその後のマドゥロ政権にも継承される。左派のマドゥロ政権は独裁体制を固め、アメリカとの対立を回避することなく、アメリカ主導の体制から抜けてしまったのだ。

ニカラグアの場合、２０２１年の大統領選挙を米州機構から強く非難されたことが大きい。ニカラグアでは１９７９年にオルテガがソモサの独裁政権を打ち倒してのち、独裁化が進んだ。

いっぽうで、独裁に対する国内の反発も強く、２０２１年の大統領選を前に、オルテガは有力な野党候補らを次つぎと逮捕していった。これにより、オルテガは大統領選に圧勝したが、この選挙は米州機構から非難された。これを不満としたオルテガ政権のニカラグアは、米州機構の脱退に動いたのだ。

◉米州機構――アメリカを中心とする反共的な国際機関

米州機構（ＯＡＳ）は、１９４８年にコロンビアのボゴタにおいて米州機構憲章が調印されたのち、1951年に発足する。アメリカを中心に、カナダやメキシコ、さらに中南米諸国の多くが加盟している。

米州機構は、「モンロー主義」を掲げてきたアメリカによる中南米の囲いこみとよくいわれる。それとともに、中南米を反共、かつ民主化したいためのものでもある。

その発足当時、アメリカはソ連との冷戦に突入していたから、中南米を反共の砦(とりで)としたかった。ゆえにソ連と接近したキューバは除名されている。左派政権のつづくベネズエラが離反したのも、もともと米州機構が反共的な組織だったからだ。

◉米州相互援助条約——なぜ、メキシコは脱退したのか?

米州相互援助条約は、1947年にブラジル・リオデジャネイロで署名され、アメリカと南米諸国間の軍事同盟となった。この条約は米州機構とともに、アメリカの中南米従属化のツールでもあれば、中南米を反共の砦とするためのものであった。

また、米州相互援助条約は、アメリカの戦争に中南米諸国を参加させるものでもあった。２００３年のイラク戦争にあっては、エルサルバドル、ホンジュラス、ドミニカ、ニカラグアの４か国がイラクへ派兵している。その派兵を嫌ったのがメキシコであり、これを機に脱退している。近年、米州相互条約も米州機構と同じく揺らぎはじめ、脱退国も現れている。

米州ボリバル同盟

なぜ、ベネズエラとキューバは「反米同盟」結成に動いたのか？

アメリカ主導の米州機構に対する中南米諸国の反発は、「反米同盟」的な同盟を中南米に誕生させている。そのひとつが、「米州ボリバル同盟」だ。

米州ボリバル同盟は、そのスペイン語名称の頭文字から「ＡＬＢＡ（アルバ）」とも呼ばれる。「ＡＬＢＡ」は、スペイン語で「夜明け」を意味する。

ＡＬＢＡを立ち上げたのは、ベネズエラとキューバだ。２００４年末、両国は「米州ボリバル代替統合構想」を打ち出し、ここにボリビアやドミニカ、ニカラグア、ホンジュラス、エクアドルらが加わった。

この同盟は、「21世紀の社会主義」を目指す、反米にして左派的な国際連携である。

中国と接近する中南米諸国

「ボリバル」の名を冠して いるのも、そうした意味がある。「ボリバル」とは、19世紀にラテンアメリカ独立運動の指導者となった「シモン・ボリバル」のことだ。ボリバルは中南米の結束のために、アメリカを排除しようと考えていた民族主義者でもあった。彼の思想は、ベネズエラのチャベス大統領に受け継がれ、「ボリバル」の名を掲げた、左派、反米のALBAとなったのだ。

ALBAがとくに嫌った

のは、アメリカ主導の米州自由貿易圏（ＦＴＡＡ）である。ＦＴＡＡは、アメリカ発の多国籍企業による経済支配を目指すものではないかと中南米では疑われた。そこから反ＦＴＡＡとしての、ＡＬＢＡが組織されていった側面がある。

ただ、２０１０年代になると、ＡＬＢＡは一時の勢いを失っていく。提唱者のひとりであるチャベス大統領が没して、求心力を失ってしまったからだ。２０１０年にはホンジュラス、２０１８年にはエクアドルが脱退している。

◉米州ボリバル同盟――独自の仮想通貨も発行する

米州ボリバル同盟は、反米にして左派的な中南米諸国の同盟だ。中心となっているのはベネズエラとキューバであり、ほかにニカラグアやドミニカも参加している。いずれも、アメリカに対する敵対心の強い国々だ。

ＡＬＢＡでは、エネルギー、貿易、社会などの分野で加盟国が相互に協力する。決済通貨としてアメリカ・ドルを拒否し、独自に仮想通貨「スクレ」を発行しているが、近年は勢いを失っている。

ラテンアメリカ・カリブ諸国共同体

中南米諸国の共同体に接近を図る中国の狙いとは？

中南米諸国の米州機構に対する反発は、ＡＬＢＡとともに「ラテンアメリカ・カリブ諸国共同体（ＣＥＬＡＣ）」を誕生させている。ＣＥＬＡＣは、アメリカとカナダ抜きの諸国家共同体だ。

この共同体を生み出したのは、ＡＬＢＡを組織したベネズエラのチャベス大統領である。２０１１年、ベネズエラの首都カラカスに中南米諸国の首脳が集まり、ここにアメリカ、カナダという北米の大国のいない中南米の共同体が生まれたのだ。

ＣＥＬＡＣが生まれたのも、アメリカに対する反発からだ。アメリカは中南米諸国に圧力を加えるとき、えてして「米州機構」を利用する。中南米諸国は米州機構に対して内心で不信感を持ち、アメリカのいない米州機構を望んでいた。それが、アメリカ抜きのＣＥＬＡＣとなったのだ。

ＣＥＬＡＣは、アメリカへの反抗という一点では一致しているが、組織そのものにはさしたる求心力がない。加盟国同士の内輪もめも多く、まとまった国際組織とは言いがたい。

アメリカへの反発に揺らぐ中南米

ただ、CELACと提携しようという中南米以外の国もある。それが、中国だ。中国は2015年に、中国CELACフォーラムの第1回閣僚級会議を北京で開催している。会議には、習近平主席やCELACの議長国（当時）コスタリカのソリス大統領、ベネズエラのマドゥロ大統領らが出席している。

2021年、コロナ禍のなか、CELACの第6回サミットがメキシコシティで開催されたときは、CE

LACの議長国を務めていたメキシコからの招請（しょうせい）により、習近平主席がビデオを通じて挨拶している。

中国とCELACが接近したのは、ともにアメリカに対する敵愾心（てきがいしん）があることで一致しているからだ。CELACは中国をバックにつけることで、アメリカに強く対抗したい。中国からすれば、CELACを通じて、中南米諸国への浸透を図りたい。CELACに影響力を持てば、CELACを動かして、アメリカを牽制したり、アメリカの足を引っぱることもできる。

中国はアメリカの〝裏庭〟と呼ばれてきた中南米の切り崩しも狙っているのだ。

◉ラテンアメリカ・カリブ諸国共同体——キューバも加盟する反米同盟

ラテンアメリカ・カリブ諸国共同体（CELAC）は、中南米諸国による共同体。主導したのはベネズエラであり、2011年に発足している。

最大の特徴は、米州機構のリーダー格であるアメリカ、カナダを排除していること。そして、米州機構から除外されているキューバを加盟させているところだ。

4章

●EU、JEF、シーア派の弧…

対立の火種を抱え、暗中模索がつづく欧州

NATOは今後、どこまで拡大していくのか?

2022年のロシアによるウクライナ侵攻は、NATOの東方拡大が引き起こした戦争でもあった。NATOはウクライナのNATO加盟を受け入れようとし、ロシアはウクライナのNATO加盟を阻止すべく、ウクライナを親露国家に改造しようとした。それが、2022年の侵攻となっている。

ウクライナが今後どうなるかは、10年以上のスパンで見なければわからないところがある。ウクライナがNATO加盟を果たせば、NATOの東方への拡大は終わりとなるのだろうか。

おそらくは、そうはならないだろう。NATOはさらなる拡大を目指すと見られる。というのも、NATOには「独裁型の大国に対する安全保障」という側面が強くなっているからだ。

もともとNATOは、ソ連軍の圧倒的な脅威に西側民主主義国家が結束して集団防衛にあたるところからはじまった。ソ連崩壊ののち、独裁型の大国の脅威は消え去ったかに見えたが、民主化を遂げた東欧諸国は、ソ連崩壊後のロシアを警戒しつづけてきた。

いまのロシアは低迷していても、将来また強大化するかもしれない。東欧諸国はロシアに対する安全保障としてNATO加盟を希望し、NATOは東欧の民主化を確認して、彼らを受け入れた。

こうしてNATOが東欧諸国を取りこむうちに、新たな視界が開けてきた。東欧諸国以外にも、ロシアからの脅威に怯え、NATO加盟を望む国があることに気づいたのだ。それが、ウクライナであり、グルジア（現：ジョージア）であった。

ウクライナとグルジアはカラー革命（31ページ参照）を経験し、西側を向いた民主政権をつくりあげようとしていた。NATOはウクライナやグルジアをみずからと共通の価値観を持った国とみなし、さらにはロシアの脅威にさらされているとも見たから、彼らを受け入れるつもりになったのだ。

かりにウクライナ、ジョージアがNATOに加盟すると、2国と同じく旧ソ連を構成した国が、つづいてNATO入りを志向してもおかしくはない。

とくに可能性があるのは、ベラルーシである。現状では、ベラルーシには独裁型の政権があり、ロシア主導のCSTO（43ページ参照）に加盟している。

けれども、ベラルーシには民主化勢力もあり、将来的にカラー革命が起こる可能性はある。革命を経験し、民主化された政権が西側を向きはじめれば、ベラルーシにもロシアからの圧力がかかるだろう。これにベラルーシが反発すれば、NATO加盟の方向に動くと考えられる。

さらに、ロシアにもNATO加盟の可能性がゼロというわけではない。それは、ロシアに真に民主的な政権が生まれ、それが長つづきしそうな時代になってからの話になるだろうが、NATOに「価値観を同じくする国を独裁国家から守る」という姿勢があるかぎり、絶対にありえない話でもないのだ。

民主化したロシアが怯(おび)えるような強大国とは、おそらくは中国になるだろう。そのような時代がいつ訪れるかは、誰にもわからないが……。

なぜ、フィンランドとスウェーデンはNATO加盟を控えていたのか?

NATOの北方拡大

2022年のロシアによるウクライナ侵攻は、NATOの北方拡大のきっかけともなっている。これまでNATOに加盟していなかったフィンランドとスウェーデンの両国が、NATOに加盟申請し、急速にNATO入りに動き出したのだ。

スウェーデンもフィンランドも、欧州連合(EU)の一員である。フィンランド

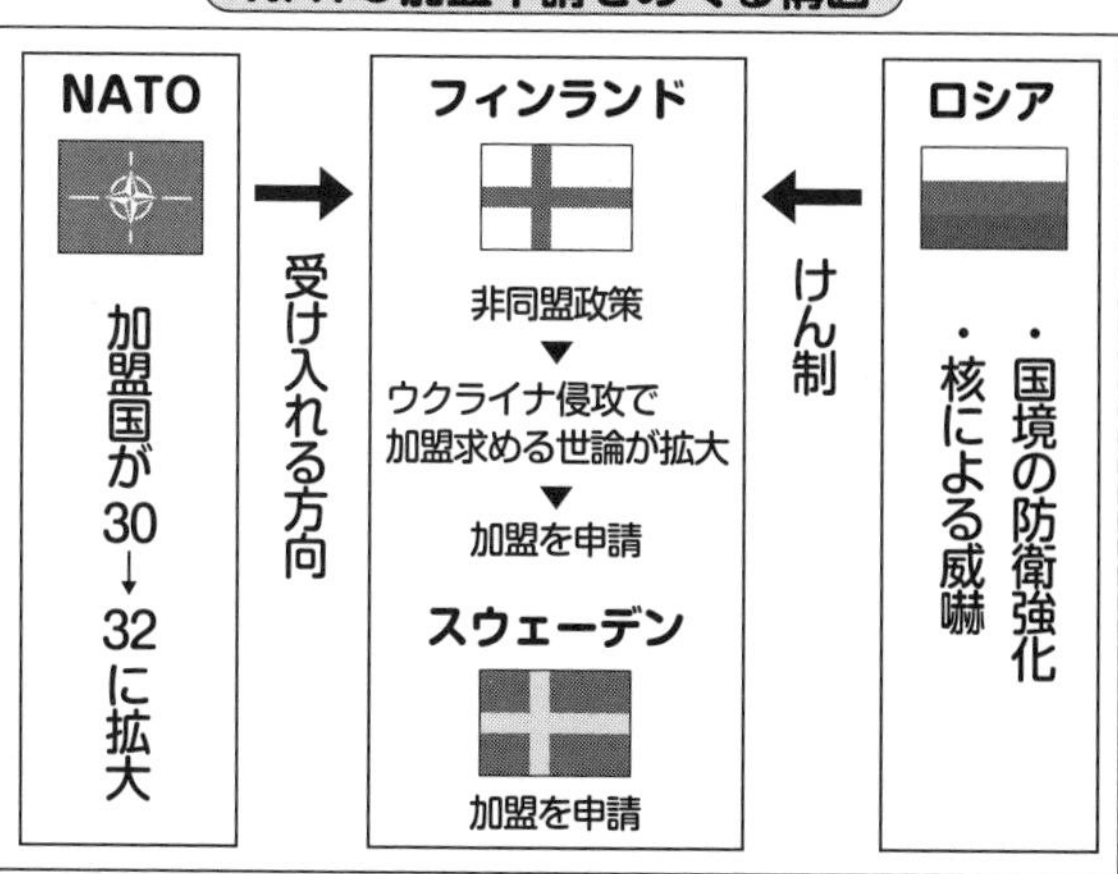

はEUの共通通貨「ユーロ」を導入しているが、両国はNATOには加盟してこなかった。そこには、それぞれの事情があった。

フィンランドの場合、ロシアとの関係を悪化させたくない配慮からだ。陸地でロシアと国境を接するフィンランドは、つねにソ連（ロシア）からの圧迫を受けてきた。第2次世界大戦下、フィンランドはソ連に攻めこまれる「冬戦争（1939年～1940年）」を体験し、領土の一部を奪われている。

第2次世界大戦後、ソ連は東欧諸国を共産化したものの、フィンランドは共産化を免（まぬか）れていた。民主主義国家の一員と認められ、自由経済圏の一員でもあったが、そのいっぽうで、ソ連によって「中立化」を強いられ、政治・軍事的に西側寄りになることは禁じられていた。だから、西側諸国の軍事同盟であるNATO加盟はありえなかったのだ。

フィンランドの外交はソ連の意向を忖度せねばならず、実質、ソ連の意思に縛られていた。こうした状況は、「フィンランド化」とも呼ばれた。

ソ連崩壊ののち、フィンランドはEUに加盟するものの、それでもロシアへの遠慮があった。だからこそ、NATOへの加盟を控えてきたのだ。

スウェーデンの場合は、中立を国是としていたからだ。それは、大国ロシアを恐れ、かかわることを避けていたからでもある。

スウェーデンはロシアと国境を接していないものの、隣国フィンランドはロシアの脅威を受けている。フィンランドとロシアが紛争に向かったときに巻きこまれないためにも、中立を国是としたのだ。

じっさい、フィンランドがソ連に攻められた「冬戦争」にあったときも、スウェーデンがフィンランドを支援することはなかった。スウェーデンは戦争に巻きこまれることを恐れて中立を堅持し、それは戦後も変わることはなかった。

また、バルト海に面するスウェーデンは、バルト海の出口を押さえており、ロシアのバルト艦隊の大西洋進出を封じこめる地政学的な地位にある。それゆえに、ロシアをいたずらに刺激するのを恐れてもいたのだ。

ただ、2022年のロシア軍によるウクライナ侵攻は、フィンランドとスウェーデンをNATO加盟に突き動かした。

ウクライナはNATOに加盟していなかったがために、ロシアの侵攻を受けた。NATOに加盟していないことは、ロシアに付け入る隙を与えることにもなるから、フィンランドもスウェーデンもNATO加盟に動きはじめたのだ。

イギリスが新たな軍事同盟の結成を主導する理由とは？　JEF

2022年、ウクライナ危機が深刻化するなか、イギリス主導のもと、「JEF（合同派遣部隊、合同遠征軍）」が組織化されはじめている。

JEFは加盟国の非常事態の際に特殊部隊を急派する枠組みで、参加国はイギリス、エストニア、ラトビア、リトアニア、オランダ、フィンランド、スウェーデン、デンマーク、ノルウェー、アイスランドの10か国である。

JEFはNATOと対立するものではなく、むしろ、NATOの主導のもとにはじまった。ＮＡＴＯを補完し、ヨーロッパの集団安全保障を高めようという目的のものだ。

その特徴は参加国にある。北ヨーロッパ諸国が多く、このうちスウェーデン、フィンランドはＮＡＴＯ加盟を申請中である。イギリス、ノルウェー、アイスランドは、ＮＡＴＯには加盟しているものの、ＥＵには加盟していない。つまり、ＪＥＦ加盟国のうち5か国は、ＥＵ、ＮＡＴＯのどちらかに属していなかった。そんなある意味「不完全な国々」が集まり、集団安全保障を結んだともいえる。

一般に、ＮＡＴＯやＥＵに加盟を望んだとしても、すぐに加盟できるわけではない。時間をかけて認められるものだが、安全保障にかんしては、一気に風雲、急を告げるときがある。

そんな事態に即応するためにも、ＮＡＴＯやＥＵのどちらかに加盟していない国々が結びついたのだ。それも、北ヨーロッパ諸国が結びついた、北ヨーロッパの地の安全保障であることが特色だ。

ＪＥＦは、民主国家の同盟でありながらも、歴史的な成り立ちが西欧とは異なる国々が集まった同盟である。というのも、オランダを除く9か国の淵源（えんげん）をたどれば、スカンディナヴィアのノルマン人（ヴァイキング）に行き着くからだ。

新たなる同盟「JEF」

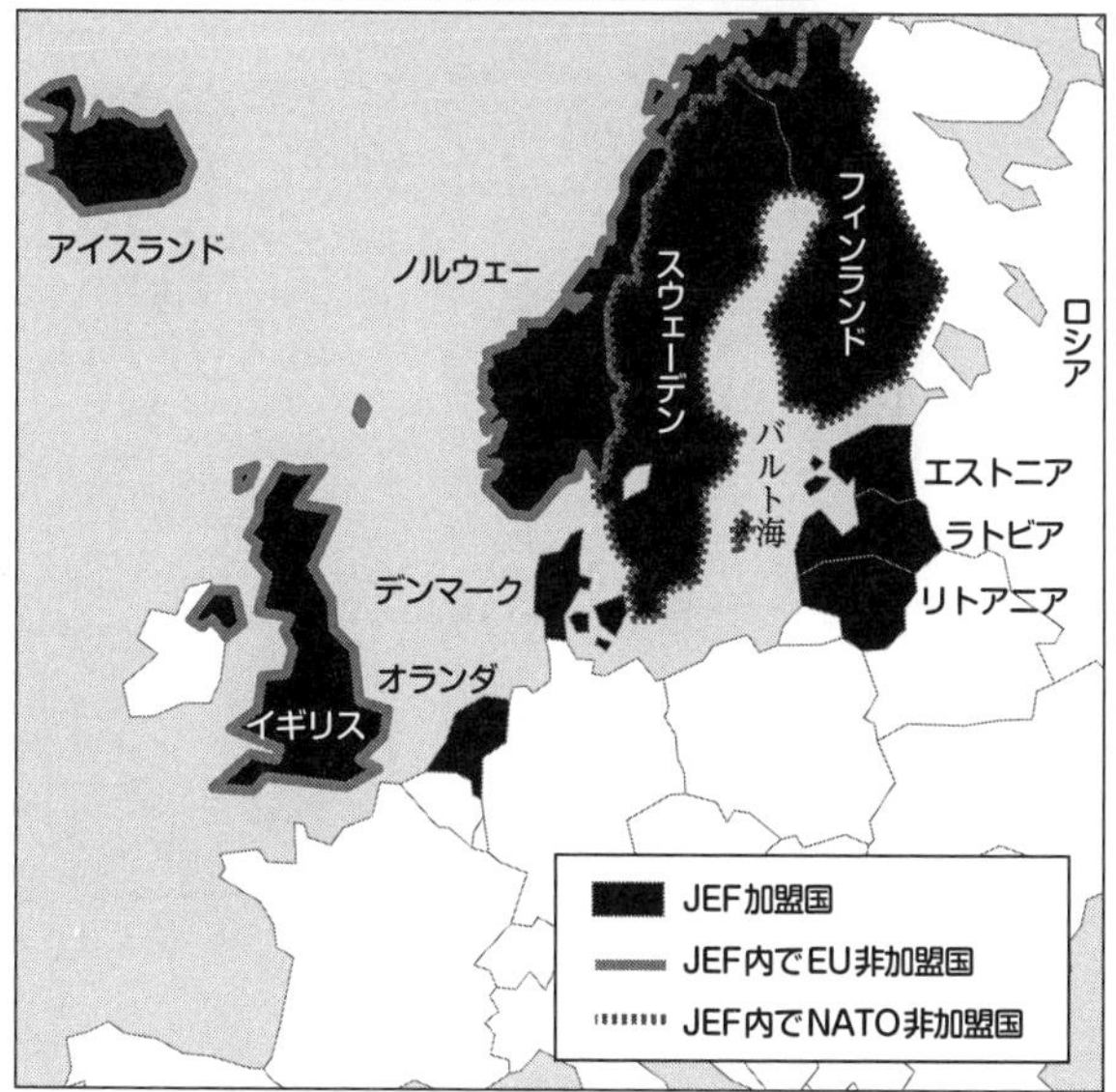

現在のイギリス王室の祖先はノルマン人だし、アイスランドもノルマン人の入植した国だ。リトアニアをはじめとするバルト三国も、ノルマン人の影響が強い。ノルマン人の国家は歴史的に西欧諸国と成り立ちが異なり、ＪＥＦは「ノルマン連合体」ともいえる。

２０２２年3月、イギリスのジョンソン首相の呼びかけのもと、ＪＥＦのロンドンでの首脳会議には、ウクライナのゼレンスキー大統領がリモートで招かれている。JEFは、ヨーロッパで存在感を増しつつある。

イギリスがブレグジットで得た外交上のメリットとは？

2010年代後半、イギリスはEU離脱に動き、ついには完全に脱退してしまった。イギリスの「ブレグジット」はEUとの喧嘩(けんか)別れのようなところがあったが、結局のところ、イギリスはEUのあり方についていけなかったのだ。さらには、EU以外の外交的な選択肢があったから、EUにこだわる必要もなかった。

イギリスがEUに愛想を尽かしたのは、その縛りが厳しいからだ。EUには、さまざまな枠組みがあり、加盟国はその枠組みの規制を守らなければならない。EUはつねに枠組みの強化を志向し、加盟国による自主的な裁量は制限されてきた。

イギリスは、この枠組みの強化を嫌った。自主性を重んじるイギリスはEU内での枠組みを緩(ゆる)いものにしようとし、EU加盟諸国と対立した。イギリスは、EU内で〝異質分子〟でもあったのだ。

イギリスがEU内でいかに異質であったかは、共通通貨「ユーロ」を導入せず、「ポンド」を使用しつづけたことでも明らかだ。

EU未加盟の欧州有力国

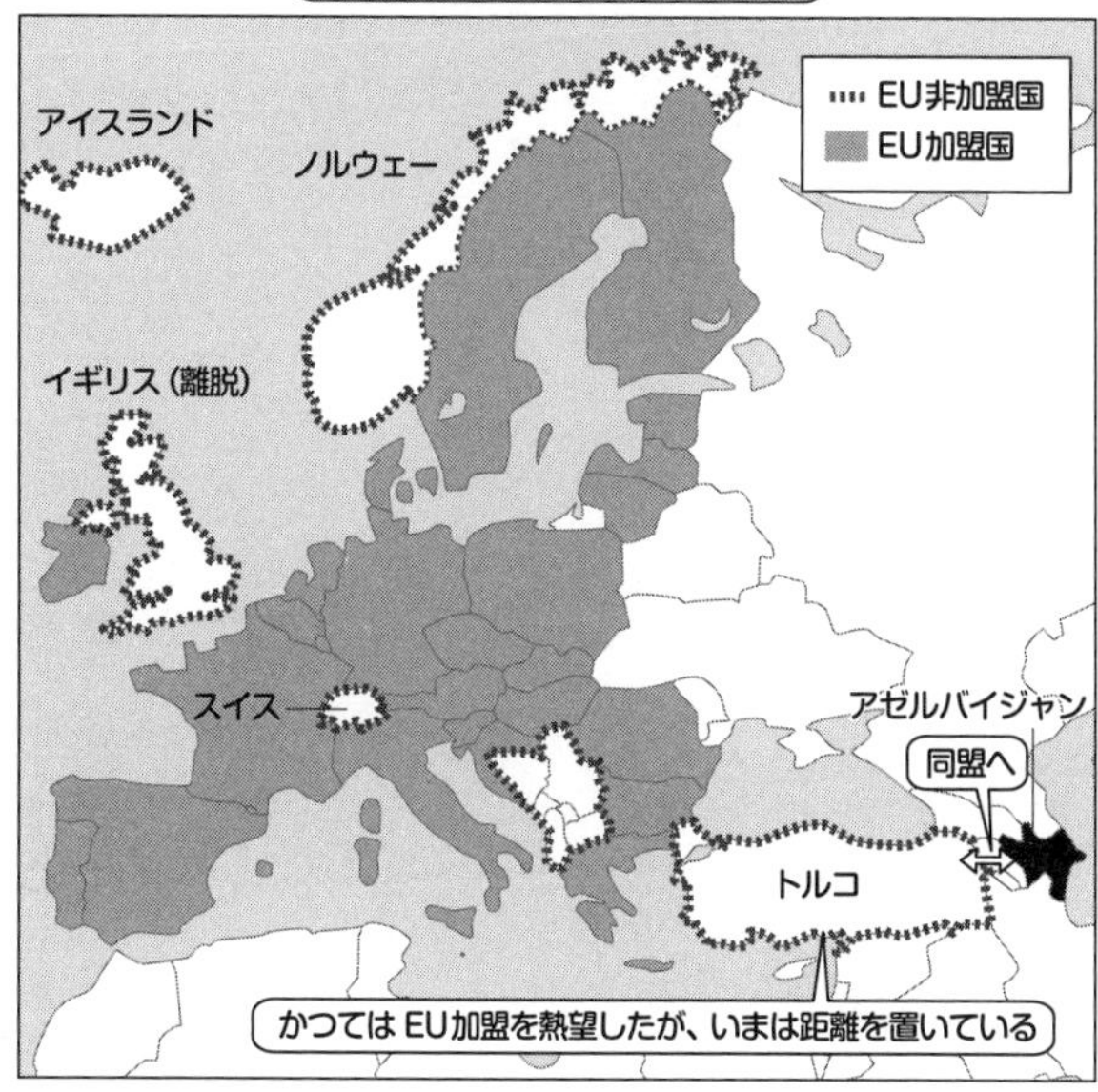

ここで確認しておきたいのは、EUと「ユーロ圏」とは違うことだ。EUに加盟している国でも、「ユーロ」を導入しない国がある。ユーロを導入し、ユーロ圏に入るということは、通貨の発行権を欧州中央銀行（ECB）に譲りわたすことである。イギリスはこれを嫌って、ユーロ圏には入らなかったのだ。

また、EUには域内を自由に移動できる「シェンゲン圏」がある。イギリスはシェンゲン圏への参加も拒否していた。シェンゲン圏ならパスポートなしで移動できるが、イギリス入国にあたってはパスポートが必要だった。イギリスは自国の自主権を尊重し、独自路線を貫（つらぬ）こうとしたから、ＥＵ内で浮いてしまい、ついには離脱していったのだ。

イギリスがＥＵを離脱して得たのは、自主外交である。ＥＵに加盟しているかぎり、イギリスの外交はＥＵに縛られる方向にいく。ＥＵは加盟国全体の歩調をそろえ、共同で動くことで、世界的な影響力を有する。ゆえに各国の自由裁量の外交には制限がかかる方向にあるのだが、ＥＵを離脱すれば、もはや自由だ。

イギリスは、もともとアメリカと濃い関係にあるうえ、アジアやアフリカ、オセアニアなどかつての植民地国とは「イギリス連邦」を形成している。また、ＥＵを離脱したことで新たな同盟関係も築けるようになり、ＪＥＦを主導できたのも、ＥＵから自由になったからだろう。

逆にいえば、現在のＥＵ加盟国は、どの国もイギリスのような選択肢を持たないということになる。ドイツもフランスも、ＥＵ以外に身を寄せる選択肢がない。ゆえに、ＥＵ内をひとつにまとめるために苦労してきた。

ほかに外交の選択肢のあるイギリスは、ＥＵ内で地道な骨折りをせず、脱退の道を選んだ。当然、他のＥＵ諸国にとってはおもしろくないから、イギリスに冷ややかであるのだ。

なぜ、イギリスのEU離脱はスコットランドの独立につながるのか？——EUとスコットランド

ブレグジットは、じつはイギリスにとって大きなリスクを賭けてのものだった。なぜなら、ブレグジットと同時に進行しはじめていたのが、スコットランドのイギリス（UK：連合王国）離脱、独立だったからだ。

連合王国としてのイギリスを構成するのは、イングランド、スコットランド、ウエールズ、北アイルランドである。

このうち、スコットランドは独立志向が強い。スコットランドはロンドンのイングランドと対立した歴史があり、両国が一体化していくのは17世紀以降のことだ。スコットランドには独立国であった時代の記憶が残っており、ロンドンの政府とは手を切りたいという志向がつねにあった。

そこに、イギリスのEU離脱である。これまで、スコットランドがイギリスに属してきたのは、イギリスという大国に依存するところがあったからだった。けれども、イギリスがEUを離脱するとなると、スコットランドはEUとイギリスの双方

を見るようになる。ＥＵの経済力は、イギリスよりも大きい。その点を考えるなら、スコットランドはイギリスを離脱してＥＵに加盟し、ＥＵの一員としてイギリスに対抗する選択も「あり」なのだ。

現在のところ、住人の反対のほうがやや強く、スコットランドはイギリスからの離脱を自重している。けれども、イギリスの力が衰え、ＥＵが強大化するなら、スコットランドはＥＵのほうを選択するかもしれない。ＥＵ離脱後のイギリスは、つねに強い経済を目指し、スコットランドを引きつけていかなくてはならない状況にあるのだ。

中国は「ＥＵの結束」から東欧を取りこめるか？

17＋1

現在、ＮＡＴＯとともにＥＵも東方に拡大し、東欧諸国の加盟が増えている。２００７年にはブルガリアとルーマニアが加盟し、２０１３年にはクロアチアも加盟を果たした。拡大をつづけるＥＵだが、そのＥＵの結束に切りこみ、ＥＵに影響力を及ぼそうと企図しているのが中国だ。

中国が着眼しているのは、ＥＵ内の東欧諸国である。中国は東欧諸国と「17＋1」

という国際会議を開催し、東欧諸国と緊密化を図っている。

「17＋1」の中国での正式名称は、「中国中東欧国家合作」。日本では「中国中東欧首脳会議」とも呼ばれる。

「17＋1」に参加したのは、ポーランド、チェコ、スロヴァキア、ハンガリー、クロアチア、セルビア、ボスニア・ヘルツェゴビナ、北マケドニア、アルバニア、モンテネグロ、スロベニア、ルーマニア、ブルガリアの東欧諸国とギリシャに、リトアニア、ラトビア、エストニアのバルト三国だ。

この17か国に中国を足して、「17＋1」の関係になる。かつては「16＋1」と呼ばれていたが、ここにギリシャが加わり、「17＋1」となった。このうち、EU加盟国はポーランド、チェコ、スロヴァキア、ハンガリー、クロアチア、ギリシャ、スロベニア、ルーマニア、ブルガリア、バルト三国となる。

「17＋1」では、中国と東欧諸国の経済協力が主眼となっている。EU加盟を果たしたとはいえ、東欧諸国の経済力はいまだ弱い。ここに、大成長を遂げた中国が経済協力を果たすことで、ともに繁栄に向かおうというものだ。

「16＋1」の会議は、２０１１年からはじまっており、「一帯一路」（69ページ参照）が公表された段階よりも早い。

中国にとって「16＋1」は、当初は「一帯一路」に東欧諸国を取りこむための手法であった。しかし、それに成功すると、新たな段階に入った。その強い影響力で東欧諸国を動かし、EU、そして西側諸国に影響を持とうとしているのだ。中国はアメリカに敵視されがちだが、EU、NATOとは穏健な関係を築きたい、深く食いこみたいと考えている。そのためのツールこそが「17＋1」だった。

東欧諸国にとっても、中国は魅力的だった。たしかにかなりの東欧諸国はEUに加盟しているが、それはEUの経済をアテにしてのものだ。

EUには「EU基金」というものがある。要はEU内での所得の再配分であり、経済的に後れており、産業力に乏しい国には、より多くのEU基金が支給される。東欧諸国には、EU基金欲しさに加盟している側面もあり、経済的支援を得られるなら、EUでも中国でもどちらでもよく、どちらからも受けたいという思惑もあったのだ。

さらにいえば、東欧諸国には西欧への反発もある。アメリカや西側有力国は、東欧諸国をNATOやEUの〝二等同盟国〟とみなしているところがある。それは東欧諸国の内なる反発ともなっているから、EUと中国を天秤にかけようとするのだ。

ただ、近年、「17＋1」に綻びが生じはじめている。2021年2月に開催され

EUに食いこむ中国の「17＋1」

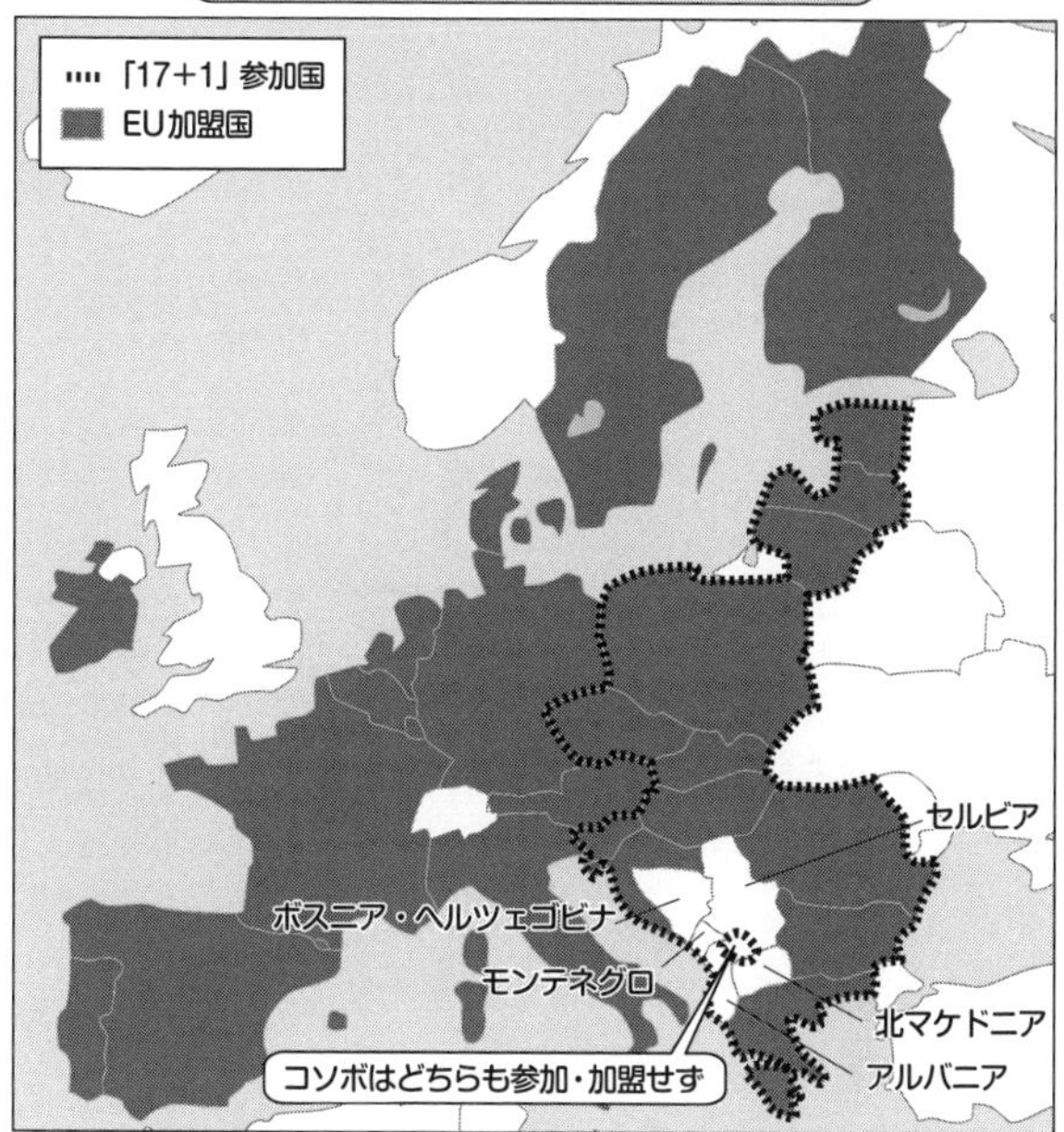

た「17＋1」会議にあって、バルト三国、スロベニア、ルーマニア、ブルガリアの6か国は、首脳以外を参加させた。中国側は習近平主席が出席したにもかかわらず、6か国が出席者の格を下げたのだ。

さらに、リトアニアは「17＋1」からの離脱を表明し、他のEU加盟国にも呼びかけているほどだ。

「17＋1」に綻びが生じはじめているのは、

参加国のなかから、中国に対する疑念が湧きはじめたからだ。中国はウイグル人やチベット人の自治をゆるさず、エスニック・クレンジング（民族浄化）に向かおうとしている。さらには、香港の民主主義を押し潰して平然としている。

その中国と手を結ぶことは、自国の民主主義、独立のあり方を損なうと考えたのだ。中国のEU取りこみは、目下、頓挫しているといえる。

ギリシャが中国にとって「ヨーロッパの突破口」になる理由とは？

EUと「一帯一路」

「17＋1」は、中国による国際会議を使ってのEU戦略ともいえた。そのいっぽう、中国はEU加盟諸国を個別に籠絡することで、EUに浸透することも狙っている。もっとも「中国の罠」にはめられているのが、ギリシャだろう。

中国は、ギリシャ国内のピレウス港のターミナル運営権をすでにギリシャから買い取っている。このピレウス港こそが中国のヨーロッパ進出、EU浸透の前進基地となっているのだ。

と同時に、ピレウス港は中国の「一帯一路」構想のひとつの極にある。「一帯一路」の「一路」は海のシルクロードであり、中国から南シナ海、マラッカ海峡、インド

中国の手に渡ったピレウス港

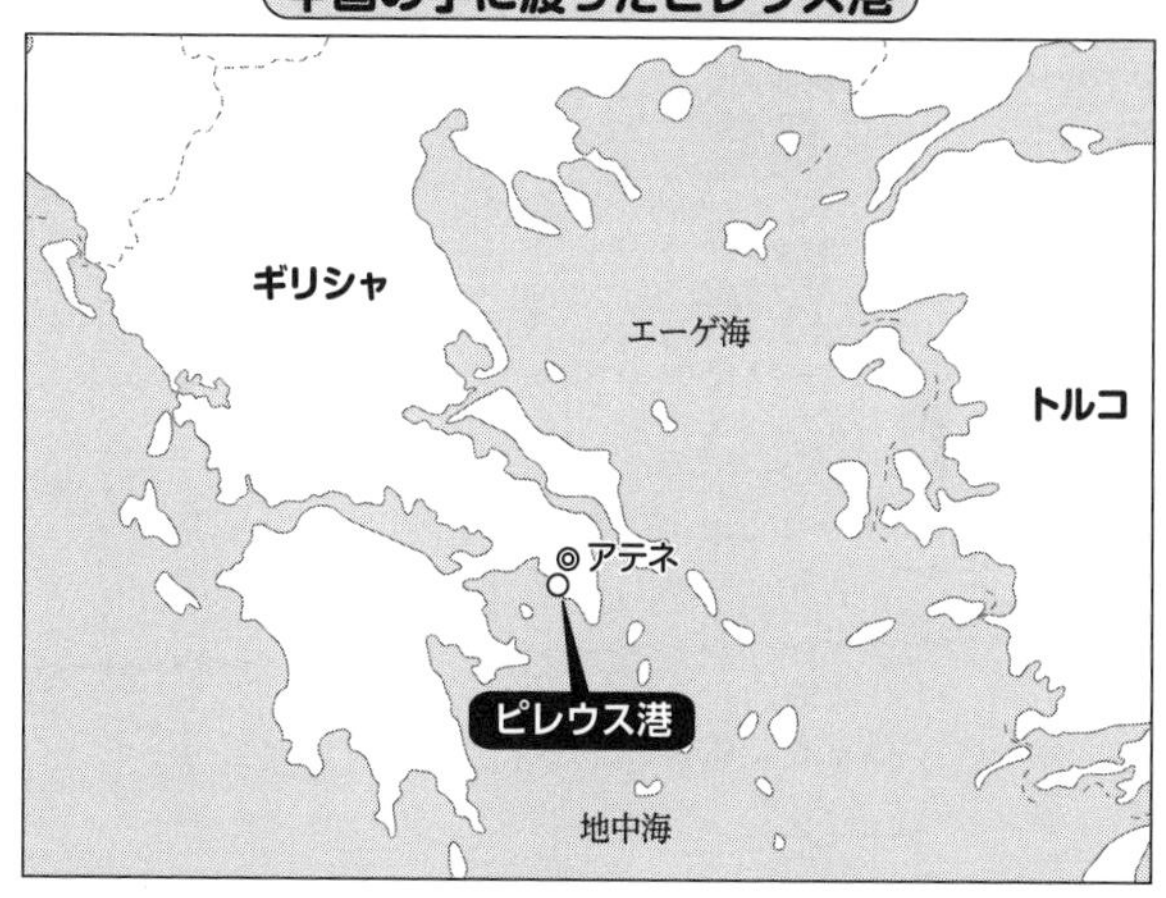

洋、ペルシャ湾をつなぐ。

すでにスリランカのハンバントタ港、パキスタンのグワーダル港は「中国の港」と化しているし、紅海への入り口であるアデン湾岸のジブチには、中国の軍事基地もある。

ここから先、紅海からスエズ運河を抜けたときに、そこにあるのがギリシャのピレウス港なのだ。つまり、ピレウス港—ジブチ港—グワーダル港—ハンバントタ港という海上ルートを、中国はすでに完成させているのだ。

中国がギリシャのピレウス港を前進基地にできたのは、ギリシャがEUの落第国家同然だったからだ。2000年代の後半から、ギリシャのソブリン・

リスク（国家に対する信用リスク）はヨーロッパの大問題となった。ギリシャ政府は膨大な債務を抱えており、デフォルト（債務不履行）寸前に陥っていた。EU内ではギリシャ問題について内部対立があり、明確な方針を打ち出せないままであったとき、ギリシャに接近したのが中国だった。カネのないギリシャに、チャイナマネーはあまりに魅力的だった。

すでにIMF（国際通貨基金）は、ギリシャに対して国有資産の売却による財政再建を勧告していた。この勧告もあったから、ギリシャは中国にピレウス港を売ってしまったのだ。中国はEUのもっとも弱いところに目をつけ、EU内に拠点を持ったといえる。

なぜ、中国はハンガリーを熱心に取りこもうとしているのか？

中国とEU

EUの〝穴〟は、ギリシャのみではない。じつは、ハンガリーはギリシャ以上に〝穴〟になりつつある。中国はハンガリーに接近し、すでに取りこみつつある。新型コロナウイルス禍にあって、ハンガリーはEU内で唯一、中国製とロシア製ワクチンの接種に動いた。

中国とハンガリーの緊密化を象徴するのが、「復旦(ふくたん)ハンガリー大学」の設立だ。上海の名門・復旦大学のハンガリーの首都ブダペストへの進出であり、ハンガリー政府との戦略協定によって設立が決まった。総事業費は約18億ドルにものぼる。

復旦大学での講義は、中国共産党のイデオロギーに即したものになると見られている。世界史、現代史、哲学などに中国共産党の歴史観やマルクス主義的な哲学が盛りこまれるだろうから、復旦ハンガリー大学の出身者は、中国の代弁者に成長する可能性が高い。

中国がハンガリーを取りこんでいるのは、EUを反中国に向かわせないためだ。EUは、全会一致で行動する。全会一致で行動することにより、EUはひとつにまとまり、世界に大きな影響力を及ぼせるが、全会一致はEUの〝急所〟でもある。1か国でも反対すれば、EUは身動きがとれなくなるのだ。たとえば、EUが中国に対する疑念を声明化しようとしても、ハンガリー1国が反対すると、声明は出せない。中国の狙いは、ここにある。

近い未来、復旦ハンガリー大学がヨーロッパで一流の大学となったら、その卒業生はハンガリーや他の国の政府中枢で仕事をするようになるだろう。彼らは中国寄りとなっているから、EUの反中国化を防ぎ、EUを親中に向けてくれるのだ。

なぜ、イタリアはG7で唯一、「一帯一路」に参加したのか？

中国のEU浸透はおもに東欧、南欧で行なわれている。そのひとつの突破口になるかもしれないのが、イタリアである。

イタリアは、中国の提唱する「一帯一路」構想に署名し、G7のなかで唯一、「一帯一路」に参加している国になっている。G7をはじめ有力な西側諸国は「一帯一路」を危険視しているが、イタリアはその環（わ）から外れてしまっているのだ。

イタリアが「一帯一路」に向かったのは、ギリシャと同じような状況からだ。イタリアの財政難は、ギリシャほどではないものの、かなり深刻である。イタリアもまた、チャイナマネーに眩惑（げんわく）され、「一帯一路」に署名するに至ったのだ。

じつのところ、EUの有力国もひところまでチャイナマネーの誘惑にすぐになびくところがあった。その典型が、中国主導のAIIB（アジアインフラ投資銀行）をめぐってである。2013年に発足したAIIBについては、アメリカは西側諸国に加入の自制を求めていた。

もっともAIIB加盟の誘惑に駆（か）られていたのは、当時、中国への傾斜を隠さなかった韓国である。アメリカからの自制要求もあって、韓国が身動きがとれなくなっていた2015年3月、G7のなかでイギリスが真っ先にAIIBへの加盟を表明した。そして、イギリスの動きを待っていたかのように、フランス、ドイツ、イタリアも加盟を表明した。こうなると、アメリカも何も言えなくなる。韓国もまた、AIIBへの加盟を表明したのだ。

このように、すべてはイギリスのAIIB加盟、つまり中国傾斜からはじまっていたのだ。2010年代半ばまで、EU諸国のなかの有力国も、中国とアメリカのあいだで揺らいでいたのだ。

現在、EUは中国国内における新疆ウイグル、チベット、香港の抑圧を問題視している。そのため、中国への傾斜は抑制されているが、すでにイタリアは「一帯一路」に参加していて、ひとつの〝穴〟が開いていることもたしかなのだ。

ドイツがEUのなかで反感を買う理由とは?

EUの内部対立①

EUのリーダー格といえば、ドイツとフランスである。ただ、ドイツのGDP(国内総生産)がフランスの1・4倍あるという事実を考えれば、ドイツ経済こそがE

Uを引っぱっており、ドイツはEUの盟主といっていい。

たしかに、ドイツはEUの盟主らしく振るまってきた。ドイツは政治・経済の両面でEUを牽引(けんいん)しているといえるが、じつはEU内でもっとも「怪しい存在」ともいえるのだ。

なぜかといえば、EU加盟諸国の内部にはドイツに対する反発がうごめいているうえ、ドイツの外交に反EU的な側面があるからだ。

EU内部でのドイツへの反感は根強い。ひとえに、ドイツ経済がひとり勝ちしているからだ。EU加盟によって、もっとも経済成長を遂げることができたのは、ドイツである。

その秘密は共通通貨「ユーロ」にある。かつてドイツが「マルク」を発行していた時代はマルク高にあり、輸出産業が苦しんだが、「ユーロ」のレートはドイツ経済からすれば安いものであり、輸出で稼ぐことができた。

問題は、ドイツがユーロ圏でも輸出を大きく伸ばしたことだ。ユーロ圏諸国の製造業は、ドイツ製品に駆逐(くちく)され、衰退していった。このユーロ圏を犠牲にしたかたちのドイツのひとり勝ちに、怨嗟(えんさ)の声があるのだ。

しかも、ドイツはEU加盟諸国に厳しい財政規律を求めてくる。財政が苦しい南欧諸国は、口やかましく財政規律を求めてくるドイツに辟易(へきえき)している。ひとり勝ちしているドイツに、いちいち指図されることほどしゃくにさわるものはない。

さらに2015年、ヨーロッパにシリア方面からの難民が大挙して向かったとき、ドイツのメルケル首相は難民を全面的に受け入れるようEU諸国に求めた。ドイツの理想主義は、難民の通り道になる東欧諸国、南欧諸国の怒りを買っていた。

このようにドイツはEU内で反発をつねに買っているいっぽう、その外交はどこか反EU的であった。ドイツは中国と蜜月(みつげつ)の時代を長くつづけたし、ロシアとも緊密な関係を築こうとしてきたからだ。2010年代のドイツは、中国、ロシアとひとつの経済圏をつくっているかのようでもあった。

ドイツと中国の友好の歴史は長い。1930年代からはじまり、ドイツは蔣介石(しょうかいせき)の中国を軍事的に支援してきた。1980年代、中国が改革開放に向かうと、ドイツと中国は経済的に強く結びつく。2000年代から2010年代にかけて、メルケル首相はたびたび中国を訪問し、中国共産党とも親密な関係を築いてきた。そのあいだ、メルケル首相は西側の有力国である日本をめったに訪れてはいない。

中国傾斜を強めるドイツは、ロシアとも親密であった。ドイツの経済は、ロシアの天然ガスに依存しているところがある。ドイツは脱原発に向かっており、エネルギー確保の選択肢は少ない。だからこそ、ロシアから天然ガスの安定的な供給を必要とした。メルケル首相はロシア語に堪能(たんのう)であり、ロシアのプーチン大統領は東ドイツ時代を経験したこともあって、ドイツ語話者でもある。メルケル首相の時代、ドイツはプーチン大統領のロシアと深い仲にあった。

中国もロシアも、ともに独裁型の国家であり、人権弾圧も行なってきている。それはEUの忌避(きひ)するところであったが、ドイツはそんな中国、ロシアと深い関係を築いてきたのだ。

それは、東欧諸国を不安にさせる外交であった。東欧諸国にとって、最大の脅威はロシアである。NATO内で、東欧諸国の後方を支えなければならないのはドイツだ。そのドイツがロシアと深い関係になるにつれて、東欧諸国はロシアとドイツから挟(はさ)みうちになっているような不安に駆られるのだ。

2022年、ロシアがウクライナに侵攻すると、さすがにドイツとロシアの蜜月も失せた。ドイツと中国の関係も読めなくなっている。ただ、ドイツには伝統的に中国に接近する傾向があり、ドイツと中国の関係は将来、EUはもちろんのこと、世界的にも不安定要素になり得るのだ。

ウクライナ侵攻で難民を大量に発生させたロシアの真意は？

EUの内部対立②

2022年、ロシア軍によるウクライナ侵攻にあっては、ウクライナの都市が攻撃にさらされ、市民からも多くの犠牲が出た。と同時に、数多くの難民が発生し、EU諸国に向かっている。

それは、おそらくはロシアのプーチン大統領の意図するところだろう。プーチン大統領が狙っているのは、EU内部の対立の激化だ。ウクライナからあまりに多くの難民が西に向かったとき、どの国がどれだけの難民を引き受けるかで、EU諸国内で深刻な対立が起きると見ているのだ。

すでに、ロシアはEUの難民問題危機を知っている。2010年代、シリア内戦が激化すると、シリアから大勢の難民がヨーロッパに向かった。2015年9月、東欧、南欧諸国で難民があふれ返ったとき、ドイツのメルケル首相は「我々はできる！」と国民に呼びかけた。以後、ドイツ国内では難民の全面受け入れを支持するようになり、EU全体が難民の全面受け入れに動きはじめた。

しかし、難民の受け入れはEU内での対立を招いた。とくにカネのない東欧諸国、南欧諸国はドイツに反発し、EU内部の対立は深刻化、複雑化した。

じつのところ、この2015年9月、ロシアは恐るべき挙に出ている。9月30日、ロシア軍はシリアでの空爆を開始し、これによってシリアからさらなる難民が発生している。EUが全面的に難民受け入れに動いたのを見て、ロシアはわざとシリアで破壊活動を展開することで難民を増大させ、EUを苦しい立場に追いこもうとしたと考えられるのだ。プーチン大統領とドイツのメルケル首相は蜜月にあったが、プーチン大統領は平気で嫌がらせに出ていたのだ。

2022年、プーチン大統領は、おそらくこの再現を狙っていると思われる。ウクライナの都市を攻撃し、大勢の難民をEU諸国に向かわせたとき、当初はどの国も難民に同情し、温かく受け入れようとするだろう。

だが、戦いが長引き、想定を超えた数の難民がEUに押し寄せたとしたら、どうだろう。どんな国にも、難民の受け入れには限界というものがある。数多いウクライナ難民を受け入れきれなくなったとき、EU内部での対立がはじまるだろう。

EUの内部対立は、ロシアにとって利益になる。ウクライナからの難民をこれ以上受け入れられないという国は、ウクライナでの停戦を求める可能性が高い。こうした国が増えれば、ウクライナでの停戦条件は、ロシアに有利なものになるだろう。

それは、ウクライナのNATO加盟を押しとどめ、ロシアに従属させるものにもなり得る。

２０１０年代以降、難民問題はEUの急所になっている。ロシアはEUの対立を深刻化させるために、ウクライナで意図的に難民を発生させていると思われるのだ。

なぜ、トルコはNATOの〝問題児〟になっているのか？

EUの内部対立③

現在、NATOの有力メンバーとなっているのが、トルコだ。トルコ軍には35万名の兵士があり、これはNATO内ではアメリカに次ぐ規模で、欧州内では最大である。つづくのは、フランス軍の20万名だ。ハイテク化レベルはドイツやフランスほどではないにせよ、その動員力からするなら、NATOのなかではもっとも頼もしい存在である。

トルコの地政学な地位も、NATO内では重要になっている。トルコのボスポラス海峡は、黒海の出入り口に当たる。ロシア相手の有事ともなれば、トルコはボスポラス海峡を封鎖し、ロシアの黒海艦隊を黒海内に閉じこめることも、黒海方面への外海からの支援を断つこともできる。

さらに、トルコはNATO加盟諸国のなかでもっとも東側に位置し、カフカス方面からロシアの脇腹を衝ける位置にある。トルコはNATOの弾頭のような存在であり、その存在がNATOを強化しているといえる。

そのトルコが、近年はNATOの問題児になっている。トルコはNATOの仮想敵であるはずのロシアにも接近し、ロシアから最新の防空システムを調達しているのだ。それは、トルコのNATOに対する背信であり、アメリカの怒りを買っている。それでも、トルコは独自の動きをやめることがない。

トルコがNATOの枠を離れるような行動に出ているのは、現在のエルドアン大統領の個性もあるだろうが、西側不信が根源にある。トルコは早くからEU加盟を切望してきたのに、その願いがかなえられることはなかった。その鬱憤から、独自の行動に出ているところがある。

トルコのNATO加盟は、1952年と早い。当時、米ソの冷戦のまっただなかであり、トルコはソ連の脅威から身を守るためにNATOに加盟した。以後、トルコは西側の一員とみずからをみなすようになり、EU加盟を希望しはじめた。1987年には、正式な加盟国となることを申請している。

けれども、EUはトルコの加盟に時間をかけ、様子見のままだ。EUは、トルコ国内に解決すべき問題があるとしている。民主主義の尊重や達成度を問題視する意見、トルコ国内の少数民族であるクルド人に対する抑圧を懸念する意見もある。また、フランスは、トルコがかつて引き起こしたアルメニア人に対する虐殺を問いつづけている。

何より、EUが不安視しているのは、トルコがイスラム教スンナ派を奉じる国であるところだろう。ほとんどがキリスト教国からなるEUにとって、イスラム教徒が圧倒的多数を占めるトルコを受け入れるのには心理的な抵抗があった。

ヨーロッパ各国は、国内にあるイスラム教徒の移民問題を抱えている。イスラム教徒らは同化せず、キリスト教文化に理解を示してくれない。ヨーロッパのイスラム教への内なる違和感が、トルコのEU加盟を阻んできているともいえるのだ。

トルコはこのことを理解し、ひところはイスラム教色を薄めた世俗国家の道を歩もうとした。けれども、EUがトルコの加盟を認めることはなかった。21世紀になって、ソ連圏に属していた東欧諸国がトルコよりもずっと遅れてEUに加盟を申請したとき、EUはそれを認めたが、トルコの加盟は認められなかった。EUはトルコの加盟をいつかは認めるそぶりを示すことで、トルコを周辺につなぎとめておくだけだった。

それは、トルコのEUに対する失望、イスラム教への回帰となった。トルコは西側諸国と距離を置き、独自の道を目指すようになったのだ。

西側諸国と歩調を合わせることをやめたトルコは、NATO内部ではトラブルメーカーとなっている。NATO加盟国と小競り合いを各地で展開しているのだ。トルコ軍はキプロス島の北部に軍を駐留させて、キプロスと対立。もともと仲の悪いギリシャとのあいだでは、戦闘機同士が空中戦を展開するほどになっている。リビアでの内戦にあっては、トルコは暫定(ざんてい)政権側を支援、対立するハフタル派を支援するフランスの艦船の航行を邪魔してもいる。

NATO内でトラブルを平然と引き起こしているトルコに対して、NATOは強い姿勢に出られない。トルコがNATOの一翼を担(にな)い、対ロシアの前面にあるからで、NATO内ではトルコをいかに押さえるかで暗闘がつづきそうだ。

EUの内部対立④

EUがトルコに対して優位に立てない事情とは?

現在、EUとトルコの関係は、加盟云々(うんぬん)を超えて、ぎくしゃくしたものになっている。それは、難民をめぐる問題である。

　2011年にはじまったシリア内戦によって多くの難民が発生し、難民はヨーロッパに向かった。難民がヨーロッパに向かうとき、トルコは一大ルートとなっている。けれども、トルコはシリアからの難民を国内に留め置いている。

　それは、EUからの要請によるものだ。多くの難民にはトルコにとどまる気はなく、できればヨーロッパ諸国に行きたい。トルコよりもヨーロッパ諸国、とくにドイツでの待遇が手厚いことを知っているからだ。

　けれどもEU諸国は、これ以上の難民を受け入れられない。すでに述べたように、2015年9月、ドイツのメルケル首相は難民の全面受け入れに動いたものの、すぐにそれは無理な話だとわかってしまった。だから、2016年にEUはトルコと協定を結び、補助金を与えて、難民をトルコ国内にとどまらせるようにしている。

　2022年の時点で、トルコ国内には400万人もの難民がとどまっているといわれる。多くの難民は、トルコにとって重い負担となっている。トルコはさらなる支援を要求し、これがEUとの駆け引きの場ともなっている。

　ヨーロッパほどには豊かでないトルコは、EUからできるだけ多額の支援金を引き出したいし、EUからさまざまな恩典も受けたい。EUからすれば、それは虫のいい要求にも映るから、交渉はもつれる。交渉がもつれれば、トルコは難民を国内にとどめず、難民の越境を黙認すると示唆(しさ)している。これを恐れて、ＥＵはトルコに対して強い態度に出られないでいるのだ。

難民問題は、トルコにとっては大きな負担であり、ＥＵにとってはいまや恐怖でさえある。ＥＵはトルコをいかになだめるかに苦慮し、トルコはＥＵからいかに譲歩を引き出すかを考えている。

トルコは、ＥＵから排除されてきた。ＥＵへの思い入れが冷めているから、優位な立場を得たいのだ。

なぜ、トルコとアゼルバイジャンは軍事面で結びついたのか？

トルコ・アゼルバイジャン同盟

トルコは近年、ＮＡＴＯの枠を離れるかのような行動を取っているが、そのひとつが、アゼルバイジャンとの同盟だ。

２０２１年、トルコのエルドアン大統領とアゼルバイジャンのアリエフ大統領は、同盟関係にかんする共同宣言を行なっている。共同宣言には、両国のいずれかが第三国から攻撃を受けた場合、軍事面で協力して対応する旨(むね)が盛りこまれている。

アゼルバイジャンは、旧ソ連を形成した一国である。トルコがそのアゼルバイジャンと軍事同盟を結ぶのに至ったのは、２０２０年の第2次ナゴルノ・カラバフ戦争（47ページ参照）を通してだ。ナゴルノ・カラバフ戦争は、アゼルバイジャンとアルメニアがナゴルノ・カラバフの帰属をめぐって争った戦いであり、20世紀末の第1次戦争にはアルメニアが勝利していた。

ところが、第2次戦争では、トルコがアゼルバイジャンを支援し、アゼルバイジャンに勝利をもたらした。

この勝利が、トルコとアゼルバイジャンを緊密化させた。第2次戦争ではトルコ軍の首脳がアゼルバイジャン軍を直接指揮したといわれ、戦争を通じて、トルコ軍とアゼルバイジャン軍に連携が生まれ、軍事同盟に至ったのだ。

トルコがアゼルバイジャンを支援し、同盟にまで至ったのは、直接にはアゼルバイジャンに対する親近感からだ。トルコの住人とアゼルバイジャンの住人の多くはともにチュルク系とされ、民族的に近く、言語も似ている。しかも、ともにイスラム教スンナ派を信仰しているから、連帯意識を持ちやすかった。

また、トルコはアルメニアと対立してきた歴史的経緯がある。アルメニアと敵対するアゼルバイジャンにトルコが加担したともいえる。

さらには、ＥＵから距離を置きはじめているトルコのエルドアン大統領は、トルコをかつてのオスマン帝国のようにしたい。トルコには「大トルコ」意識が育ちはじめ、影響力の拡大のためにアゼルバイジャンと同盟を結んだとも考えられる。

トルコが上海協力機構への加盟に動いた理由とは？

トルコと上海協力機構

現在、トルコの外交は世界の不安定要素になる可能性をはらんでいる。トルコの同盟方針が右に、左にと揺らいでいるからだ。

その象徴が、トルコの上海協力機構（ＳＣＯ：58ページ参照）加盟への動きだ。上海協力機構は中国とロシア主導の組織であり、ここに中央アジア諸国、インド、パキスタン、アフガニスタン、イランが加わっている。

上海協力機構には、ユーラシアの強権国家の連合体といった趣（おもむき）がある。トルコは早くから上海協力機構に関心を持っており、加盟にも動いているのだ。

トルコが加わるなら、上海協力機構はより影響力を持つ組織として、ＥＵにも対抗し得る。ロシアと中国は、トルコを西側陣営から引き剝がしていくことにもなる。

トルコが上海協力機構加盟に動いているのは、みずからの価値を高めたいからだろう。とくに西側諸国に、自国の価値を見直させたいのだ。

トルコは長くEU加盟を目指してきたし、西側寄りであった。にもかかわらず、EU加盟は果たされず、難民問題では難民を留め置く側に回されている。トルコには西側諸国の自国に対する処遇に不満があったから、上海協力機構加盟に動いているのだ。

トルコは、西側諸国と上海協力機構を天秤にかけるようにして、自国の価値を高めたいのだ。

なぜ、イランはシリア内戦に介入したのか？

シーア派の弧

2011年にはじまったシリア内戦に関与している国のひとつが、中東の大国イランである。イランはアサド政権側に立ち、革命防衛隊を送りこんで政権を支えてきた。

イランがアサド政権を支えるのは、ひとつには同じシーア派だからだ。イランはイスラム教シーア派国家であり、サウジアラビアを中心とするスンナ派の国家と対立をつづけている。サウジアラビアはGCC（湾岸協力会議：171ページ参照）の事実上の盟主でもある。さらには、シーア派はパレスチナに建国したイスラエルを完全

イランを中心に形成される「シーア派の弧」

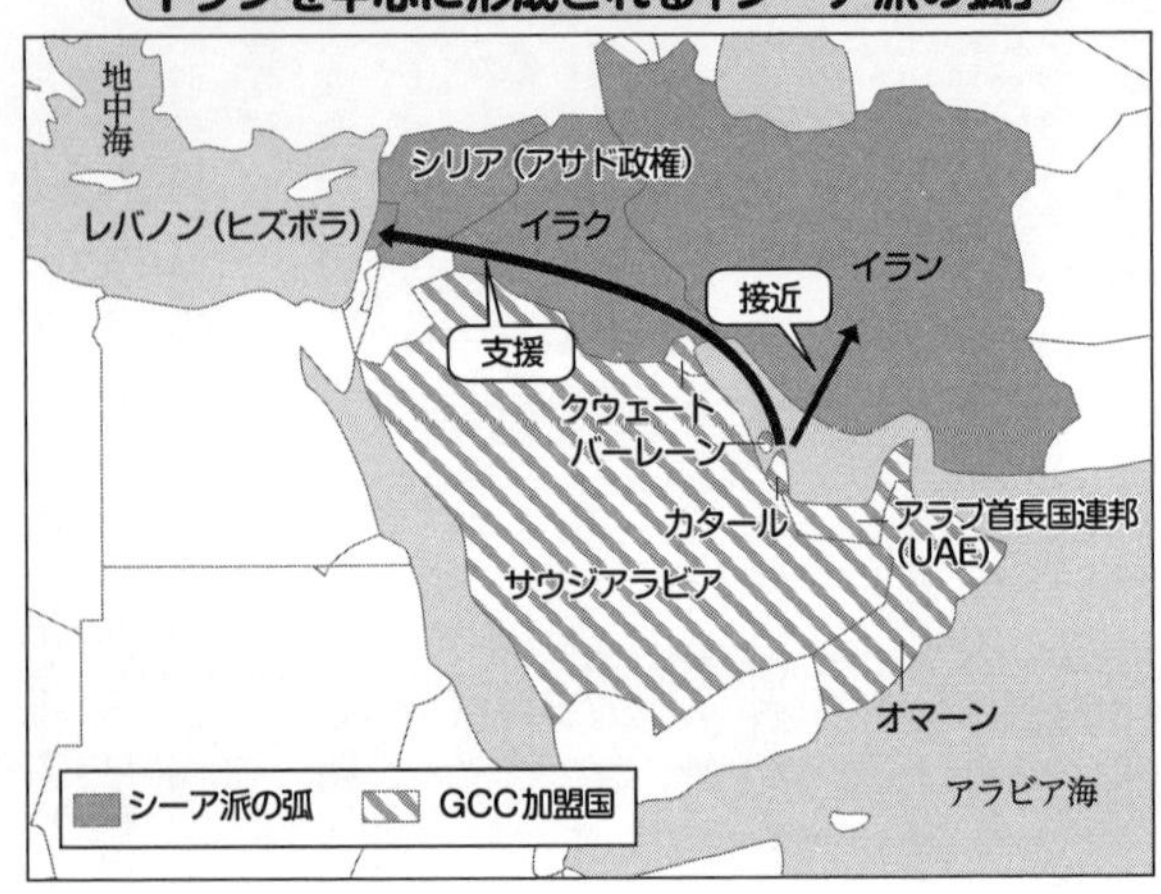

に敵視している。イランは少数派であるシーア派のリーダーを自負し、同じシーア派系一派であるアラウィー派のアサド政権を壊滅させるわけにはいかないのだ。

シリアを支えることでイランが目指しているのは、「シーア派の弧」とでもいうべき同盟関係だ。現在、イランとシリアを結ぶイラクは、シーア派が主導勢力になりつつある。もともと、イラクにはシーア派が多かったが、長くスンナ派が政権を握ってきた。しかし、イラク戦争以後の混乱に乗じて、イランの革命防衛隊がイラク国内に浸透し、シーア派国家へとなりつつあるのだ。

つまり、シリアでアラウィー派のアサド政権が存続しつづければ、イラン、イラク、シリアという「シーア派のライン」、つまり「シーア派の弧」ができあがる。

「シーア派の弧」は、さらにその先端をレバノンにまで伸ばしている。レバノンを実質支配しているのは、シーア派武装組織「ヒズボラ」だ。ヒズボラはイスラエルと戦いつづけているうえ、シリア内戦にあって、アサド政権側に立って戦ってもいる。ヒズボラの支援もあって、アサド政権は命脈をつないできたところがある。

レバノン、シリア、イラク、イランという「シーア派の弧」が何を目指しているかといえば、ひとつにはイスラエルの打倒だ。もともと、ヒズボラはレバノン内戦にあって反イスラエル武装組織として生まれている。

反イスラエルという点で、シーア派の盟主イランも同じであり、「シーア派の弧」はイスラエル打倒同盟であるともいえるのだ。

なぜ、ロシアはシリアのアサド政権を存続させたいのか？

ロシアとCSTO

シリア内戦に関与した国は、イランのみではない。ロシアもアサド政権側を支えるべく、軍事介入を行ない、この一点でイランと共闘している。

ロシアのシリア・アサド政権支援は謎でもある。ロシアとシリアは地つづきではないし、もともとロシアは中東の紛争に介入することは避けてきた。にもかかわらず、アサド政権のために軍事介入まで行なったのは、カラー革命（31ページ参照）の拡大を恐れてのことと思われる。

すでに述べてきたように、西側諸国が背後にあるカラー革命によって、ロシアはみずからの陣営国を失いつつある。2000年代にカラー革命を体験したジョージア、ウクライナはロシアから離れ、西側諸国側に向かっている。

シリア内戦にあって、アサド政権の崩壊は西側の支援するカラー革命の拡大につながる可能性がある。シリアでカラー革命が達成されたとなると、カラー革命は他の独裁国に飛び火しかねない。CSTOのメンバーでもある中央アジア諸国にカラー革命が飛び火すると、ロシアは中央アジア諸国まで失いかねないのだ。

ロシアは、カラー革命の連鎖を食い止めねばならない。そこから、陸つづきでないシリアの内戦に加わり、アサド政権を存続させているのだ。

ロシアのシリア参戦によって、アサド政権に与するロシアとイランはより緊密化している。ロシア、イラン、シリアの「同盟化」が進んでいるのだ。

なぜ、湾岸協力会議のなかでカタールが除け者にされていたのか？

湾岸協力会議

2021年、中東ではひとつの和解があった。中東のイスラム教スンナ派の盟主サウジアラビアが、カタールと国交を回復したのだ。サウジアラビアもカタールも「湾岸協力会議（GCC）」の一員であり、「湾岸協力会議」がひとつにまとまった瞬間でもあった。

「湾岸協力会議」は、アラビア半島の君主制国家の地域協力機構である。サウジアラビア、カタール、オマーン、クウェート、バーレーン、アラブ首長国連邦（UAE）の6か国からなる。

湾岸諸国会議のなかでカタールが孤立し、除け者扱いされてしまったのは、カタールの独自外交にある。カタールは、サウジアラビアと対立するシーア派の盟主イランとの接近を隠さず、これがサウジアラビアの不興を買っていた。

また、カタールはサウジアラビアやエジプトがテロ集団とみなす「ムスリム同胞団」を支援してきたから、これも敵視される結果になった。カタールの放送局である「アルジャジーラ」には、中東ではめずらしく報道の自由があり、これもまたサウジアラビアにはおもしろくなかった。

サウジアラビアは、カタールにイランやムスリム同胞団との関係を見直すように迫(せま)ったが、カタールはこれを拒否。怒ったサウジアラビアはカタールと断交し、GCC内ではUAE、バーレーンもサウジアラビアに同調して、カタールと国交を断絶した。

断交に対して、カタールも意固地(いこじ)になる。カタールは、サウジを盟主とする「OPEC(石油輸出国機構)」からも脱退し、独自路線にはしろうとした。

カタールが独自の行動に出ているのは、ひとつには反サウジアラビアの意識が働いているからだ。サウジアラビアは、GCCにあっても、OPECにあっても、リーダーとして振るまっているが、カタールはこれがおもしろくない。カタールは無条件でサウジを湾岸諸国の盟主と認めているわけではなく、そのことをわからせるために独自の行動に出ている。

結局のところ、GCCの一員であるクウェートの仲介により、カタールはサウジと和解し、UAE、バーレーンもこれにつづいた。

ただ、両国のあいだに横たわる問題が解決されたわけではなく、GCCの結束の不安定要因にもなっている。

◉湾岸協力会議——産油国同士の結束を高める

湾岸協力会議（GCC）は、アラビア半島の君主制諸国の地域協力機構である。正式名称は「湾岸アラブ諸国協力会議」、日本政府は「湾岸協力理事会」と呼んでいる。

1981年に設立され、加盟国はサウジアラビア、アラブ首長国連邦（UAE）、クウェート、オマーン、カタール、バーレーンの6か国だ。ヨルダン、イエメン、イラクなどは加盟を希望しているものの、いまだ加盟を果たしていない。

湾岸協力会議は、湾岸の産油国同士が集まった組織であり、産油国同士の結束を高めるための組織でもある。その意味で、OPEC（石油輸出国機構）を補完している。

◉OPEC——なぜ、強力な影響力を失っていったのか？

OPECは、もともとは欧米の石油メジャーに対して、産油国の利益を守るために、1960年に生まれた組織だ。

1970年代、OPECは石油を外交の「武器」にした組織に変質する。1

9７３年、第４次中東戦争が勃発(ぼっぱつ)すると、サウジアラビアを中心とするアラブ石油輸出国機構（ＯＡＰＥＣ）は、アメリカとオランダへの石油輸出を禁止した。敵国イスラエルの友好国を懲罰するためだ。と同時に、ＯＰＥＣは原油の大幅な値上げに踏み切り、世界経済を混乱させ、その存在を世界に認めさせている。

その後、原油価格の低迷もあって、ＯＰＥＣはその影響力がしだいに霞(かす)んでいく。現在、サウジアラビア、イラン、イラク、クウェート、ＵＡＥなど湾岸諸国のみならず、ベネズエラやナイジェリアなど世界13か国が加盟しているが、同じく有力産油国であるアメリカやロシア、カナダなどは未加盟だ。そのため、ＯＰＥＣの原油価格コントロールには限界がある。

なぜ、中国はアフリカ諸国に深く浸透しているのか？

中国・アフリカ協力フォーラム

現在、アフリカ諸国にもっとも浸透しているのは中国である。中国は「一帯一路」や「中国・アフリカ協力フォーラム」を通じて、アフリカ諸国を経済的に支援し、アフリカ諸国の「同盟国」然としているのだ。

「中国・アフリカ協力フォーラム（FOCAC）」とは、中国によるアフリカ支援体制のひとつだ。FOCACを通じて、中国はアフリカ諸国に投資し、安全保障の分野でも協力していこうとしている。

中国のアフリカ重視の歴史は古く、戦略的である。中国がアフリカ諸国の支援をはじめるのは、1950年代からだ。ヨーロッパ諸国の植民地であったアフリカ諸国が次つぎと独立しはじめたとき、中国は新興独立国に接近し、資金や食糧、技術などを提供している。

中国がアフリカ諸国に接近したのは、ソ連やアメリカに対抗する「第三世界」を形成するためであった。ただ、中国は思わぬところで、アフリカ外交の成果を得る。

1971年、国連総会では中華人民共和国の国連復帰、台湾国民政府（中華民国）の追放を求めたアルバニア案が可決された。このとき、アフリカ諸国26か国が中国の国連復帰に賛成したのだ。これにより、中国は国連における「アフリカ票」の威力を知る。以後、中国は国連に大きな影響力を持つためにも、アフリカ諸国を支援するようになった。

21世紀、中国経済が巨大化すると、中国のアフリカ支援と浸透は、さらに大きないる。

ものになる。54か国に増えたアフリカ諸国のうち、53か国がFOCACに加わって

ただし、中国は無償でアフリカ諸国を支援しているわけではない。中国はアフリカ諸国を債務の罠に陥れてもいる。FOCACではかなりの数のアフリカ諸国が借金漬けになっている。アフリカ諸国は借金漬けによってますます中国から離れられなくなる状況におかれ、中国に対する反発、憤懣も生まれている。

そうしたなか、中国、ロシアに対抗しようと動いているのが、日本の主導する「アフリカ開発会議（TICAD）」だ。TICADは、中国による債務の罠に対してアフリカ諸国に注意をうながし、民間投資を中心に質の高いアフリカ投資を進めていこうとしている。

ただ、日本国内にアフリカを重視する政治家は少なく、TICADは、中国の「一帯一路」やFOCACに対抗し得るものにはなっていないのが現状だ。

5章

日本と東アジアを取りまく同盟関係のゆくえ

◉QUAD、RCEP、ASEAN…

日米同盟と中国

中国が日米同盟をことさらに敵視する理由とは？

現在、極東の勢力バランスが辛うじて保たれているのは、日米同盟の存在があるからだろう。日米同盟は、極東における中国の膨張政策の歯止めになり、アメリカによる中国封じこめのひとつの環になっている。

中国からすれば、日米同盟は極東における外交の障害になっている。中国は日米同盟の瓦解を望み、日米の離反を画策してきた。かつて、中国建国の主役・毛沢東が、アメリカのニクソン大統領に日米安保解消を直接に求めたこともあった。しかし、中国の日米同盟瓦解の試みは、いまのところ成功に至っていない。

日米同盟の淵源は、１９５１年の日米安全保障条約にある。日米安全保障条約はもともとアメリカ軍の日本駐留を認めるというものであったが、時代とともに変質する。１９８０年代から「日米同盟」という言葉が使われるようになり、アメリカの極東における軍事同盟のひとつとなっている。

アメリカは現在、韓国やフィリピンとも軍事同盟を結び、台湾との関係性を深めようとしている。アメリカは極東にあっては、日本、韓国、フィリピンと個別に同盟を結び、そのなかのひとつの核として日米同盟を考えているようだ。

アメリカが極東にあって日米同盟を重視しているのは、ひとつには日本の経済力がある。世界第1位の経済大国と世界第3位の経済力を持つ国が結びつくことは大きな力となる。

日本の自衛隊は、日本の経済力からすれば、コンパクトすぎるといわれる。アメリカは日本の軍事規模に不満もあるが、それでも自衛隊の能力は、世界では第5位から第6位にあるとの見方もある。日本の軍事力（防衛力）を加えるなら、日米同盟の軍事力は極東では中国に抗し得るものとなるだろう。

さらに、日本の地政学的な地位がアメリカに日本を選ばせている。日本列島から台湾にかけての弧は、大陸勢力を封じこめるラインとなっている。東シナ海は南西諸島によってフタをされたも同然であり、中国の太平洋進出の〝壁〟になっている。

ゆえに、アメリカ軍は日本の三沢、横須賀、厚木、横田、岩国、佐世保、普天間、嘉手納などに基地を設けてきた。日本列島の基地を利用することで、大陸勢力の膨張に睨みを効かせることができるからだ。

とくに、沖縄のアメリカ軍基地は扇の要のような存在になっている。沖縄は東シナ海正面での中国封じこめの中心にあるだけでなく、朝鮮半島や台湾、フィリピン、南シナ海、さらにはベトナムまでを見据えられる。

アメリカの見る日米同盟の強みは、すべてそのまま中国からすれば、「中華の夢」の障害になっている。南シナ海ではつねに攻勢に出ている中国だが、東シナ海での攻勢にはいまのところ自制の側面もあるのだ。

◉日米同盟——アメリカ軍が日本に軍事基地を置くところからはじまった

日米同盟の元となったのは、1951年に締結された日米安全保障条約だ。それは、第2次世界大戦の敗戦国・日本が世界の48か国と講和し、国際社会に復帰を認められたサンフランシスコ条約とセットになっていた。日本が独立国家の道を歩もうとしたとき、アメリカは日本に軍を駐留させることを認めさせたのだ。

ただ、1951年の条約には、アメリカ軍が日本を守ることは明記されず、日本の防衛は不安定であり、日本側には「不平等条約」と見る者もいた。そこから条約の見直しがはじまり、岸信介首相による1960年の日米相互協力及び安全保障条約（新安保条約）となる。新安保条約では相互性が生まれたものの、日本国内では猛烈な反対運動があり、それを押し切っての締結であった。

日米の関係が「同盟」となるのは、１９８０年代初頭である。当時、対ソ連完全包囲を決意したアメリカのレーガン大統領が鈴木善幸首相と会談後、共同声明で初めて「同盟」という言葉が使われた。鈴木はこの「同盟」を軍事同盟でないとしたが、つづく中曽根康弘首相は「日米同盟」を推し進めた。

日米同盟下の20世紀、日本の自衛隊は戦争に加わることはなかった。ただ、自衛隊の潜水艦部隊や海上部隊がソ連の潜水艦部隊を監視しつづけ、封じこめていたことも事実だ。

なぜ、安倍政権は日米同盟を強化しようとしたのか？

日米同盟の実効性

２０１０年代、日米同盟は強化の方向に動き、いまに至っている。強化に動いたのは、日本の安倍晋三首相である。

安倍首相時代の日本が日米同盟の強化に動いたのは、極東情勢の緊張からだ。中国の艦船が尖閣諸島周辺に大挙して押し寄せ、圧力をかけつづけている。いっぽう、北朝鮮はたびたびミサイル実験をくり返し、日本を恫喝している。それは「極東有事」につながりかねず、日本は安全保障を強化する必要に迫られていた。そのひとつが、日米同盟の強化であった。

２０１４年、安倍首相は国内での反対を押し切り、集団的自衛権が限定的に使用できることを閣議決定している。これにより、自衛隊が海外にあってもアメリカ軍と連携できるようになった。つづいて２０１５年には、野党から「戦争法」と非難された「安全保障関連法」も成立させている。

一連の決定は、中国、韓国から猛烈な非難も浴びせられているが、それは自衛隊の行動への制限を緩めたからである。これまで自衛隊は国内にのみとどまり、その使用はきわめて限定的であった。政府は自衛隊を「ともに戦える軍隊」にしようとしたために、内外で大きな反発を招いたのだ。いっぽう、アメリカは安倍首相の一連の変革を評価した。自衛隊が「ともに戦える軍隊」であってこそ、アメリカ軍ははじめて日本防衛への決心を固められるからだ。

これまで、アメリカ政府内には日米同盟を疑問視する声が少なくなかった。極東有事となっても、日本は戦わず、アメリカ軍のみが戦い、アメリカ兵を犠牲にするのでは、アメリカ国民の同意を得られない。

そのため、アメリカが本当に日米同盟を機能させるかについて、日米双方が疑ってもいた。かりに中国軍が尖閣諸島を急襲、占領しても、アメリカ軍が傍観したままであるという事態は想定できた。小さな島嶼(とうしょ)をめぐる戦いで、アメリカ軍の兵士が倒れるのを嫌うからだ。

21世紀、アメリカの戦争はさんざんな徒労に終わった。イラクでも、アフガニスタンでも、アメリカ軍は現地で多くの協力が得られないまま戦い、ついには撤退方向に向かった。

イラクもアフガニスタンも、アメリカの同盟国ではないが、アメリカは現地の政府を軍事的にも支援してきた。それは、無駄な骨折りに終わった。自国をアメリカ軍と共同で守り抜くという強い意思のない政府に軍事協力を行なっても、何の意味もないことをアメリカは実感したのである。

いっぽう、日本はアメリカの同盟国である。ただ、同盟国であるとはいえ、ともに戦う意思のない国を必死で守るいわれはどこにもない。トランプ前大統領は、「もし日本が攻撃されれば我々は戦う」と言いながら、「(日本人は戦争を)ソニーのテレビで見るだけだ」とも言っている。日米同盟に対する公然とした疑問だ。

日本は日米同盟にアメリカとの強い絆を見ようとしているが、アメリカはそうでもない。アメリカは、つねに中国と日本の重要度を比べる。2010年代の半(なか)ばまで、アメリカはことのほか中国を重視し、腰の定まらない日本を軽視していた。日本の民主党政権時代、アメリカは日本に不信感さえ持っていた。2010年代初期、まだアメリカの中国重視が強い時代に、もしも尖閣諸島で紛争があったなら、アメリカは日本を宥めるだけで、中国の肩を持っただろうと想像できる。

同盟は立派に機能することもあれば、機能しないこともある。すでに述べたように、2020年の第2次ナゴルノ・カラバフ戦争において、ロシアは同盟国であるアルメニアを支援しなかった。その結果、アルメニアは宿敵アゼルバイジャンに屈した。

同盟を機能させるには、同盟を強化し、同盟国から信頼されるしかない。そのためには、自助努力が必要であり、2010年代の日本はそのことを理解しようとしたのだ。

アメリカは日米同盟をどのように見ているのか？

アメリカの同盟

日本人のかなりの人たちは、日米同盟を対等の同盟とみなす、あるいはそう思いたがっているが、じっさいはそうではない。日米同盟はアメリカ主導の同盟であり、日本がアメリカに従属する同盟であるという側面があるのもたしかだ。

これは、日米同盟にかぎった話ではない。アメリカは、自国のすべての同盟を対等とみなしていない。NATOであれ、日米同盟であれ、AUKUS（95ページ参照）であれ、アメリカに従属的な同盟と見ているのだ。

それは、アメリカが世界最強国を自負しているからだ。最強国と同盟するかぎり、どんな国でも従属的同盟を結ぶしかない。対米同盟は、アメリカへの忠誠度を問う側面もあり、アメリカは同盟国の忠誠を試そうとする。

ロシアもまた、対等な同盟は中国相手以外にありえない。ロシア主導のCSTO（43ページ参照）にしろ、同盟国を従属させ、忠誠を誓わせるためのものだ。そのロシアの態度は、同盟国候補からは嫌われやすく、ウクライナの離反を招いている。そのあたりは、アメリカはロシアと違い、同盟国の懐柔（かいじゅう）にも長（た）けているのだ。

アメリカが日米同盟を対米従属同盟であるとみなしているということは、アメリカが日本の頭を押さえつけているということでもある。じつのところ、日米同盟には、日本の軍事力を「強くさせすぎない」という目的もある。

かつて日本はアメリカと戦った。アメリカにとっては、自国に挑戦してくる無鉄砲な日本はもうこりごりである。アメリカは、日本を新たなる挑戦国にしないためにも、日米同盟を結んでいるのだ。

それは、アメリカが日本の戦闘機の自主開発を阻んできた歴史からもわかる。１９８０年代、工業力に自信のあった日本は、独自の戦闘機を開発し、戦闘機開発技術を蓄積、向上させようとした。アメリカはこれを阻み、日本に共同開発を迫った。日本は折れて、これがＦ－２戦闘機の開発になるが、アメリカは日本が独自に軍事強国化することを嫌ったのだ。

１９７２年、アメリカのニクソン大統領が訪中のおり、毛沢東に日米安全保障条約について説明したことがある。すでに述べたように、毛沢東は日米安保の解消をアメリカに求めていた。

このとき、ニクソン大統領は「ビンの蓋」論を説いている。つまり、日米安保条約は在日アメリカ軍がビンの蓋になって、日本の軍事力の強大化、軍国化を押さえつけているというわけだ。日本が日米安保条約から解放されたなら、日本は独自に軍事力を強大化させ、中国にとっていま以上の脅威になるだろうと説いたのだ。

ニクソン大統領の「ビンの蓋」論は、けっして詭弁ではない。いかに現在の日本の平和志向が強いとはいえ、アメリカは同盟国・日本の変身を警戒している。いまのところ日本の軍事力強化には賛成だが、度が過ぎるなら、日米同盟の存在によって日本を押さえつけるしかないと考えているのだ。

QUADはインド太平洋地域のNATOになりえるのか？

QUAD

現在、太平洋からインド洋にかけての広域同盟になる可能性を秘めているのが、ＱＵＡＤ（クアッド：日米豪印戦略対話）だ。ＱＵＡＤは、英語では「Quadrilateral Security Dialogue」。「四辺形の安全保障対話」であり、日本、アメリカ、オーストラリア、インドの四辺形による戦略的な同盟ともいえる。

ＱＵＡＤを提唱したのは、２００７年、第1次政権時代の日本の安倍晋三首相であった。安倍首相は、強大化する中国に対する連携としてＱＵＡＤを構想、アメリカ、オーストラリア、インドを巻きこもうとしてきた。

ＱＵＡＤの推進力となったのは、「自由で開かれたインド太平洋構想」だ。法の支配・経済的繁栄・平和と安定の確保という3つを軸に、民主主義国家によるインド洋、太平洋の安定こそが、国際社会の安定につながるとした。

ＱＵＡＤは、中国の海洋進出を意識したものであり、具体的には中国の「真珠の首飾り」（72ページ参照）戦略に対抗するものだ。「真珠の首飾り」戦略は、西太平

太平洋・大西洋・インド洋をまたぐ西側諸国の同盟

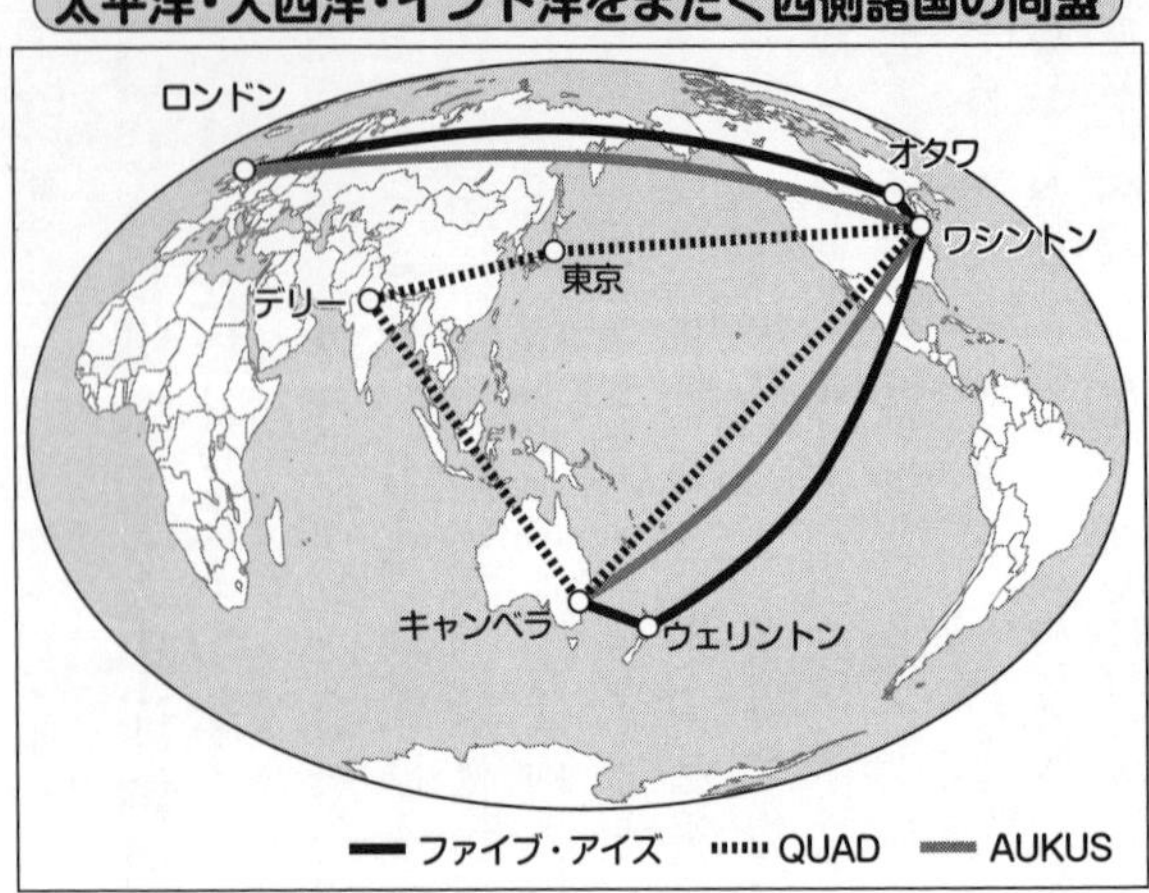

洋からインド洋にかけてを「中国の海」化することでもあるが、QUADは「中国の海」化を拒む戦略的な同盟ともいえる。

だからこそ、QUADの根本には「自由で開かれたインド太平洋構想」があるのだ。

QUADは軍事同盟ではないが、すでに合同での軍事演習も行なっている。QUADがより機能し、加盟国の結束が深まるなら、新たな加盟国も現れるだろう。

現在、イギリスがQUADへの加盟を検討しているとされる。QUADは将来、太平洋・インド洋版のNATOにもなり得ると見られているのだ。

なぜ、21世紀になって、日本は準同盟国を増やしたのか?

日豪同盟・日印同盟

21世紀、QUADを提唱し、推し進めたのは日本だが、日本がQUADを先導できたのは、準同盟国を増やしていったからだ。オーストラリアやインドが日本の準同盟国のようになったから、日本主導のQUADが成り立ったのだ。

日本の同盟国といえば、1951年以来、長いことアメリカ一国だった。けれども、21世紀になって、日本は準同盟国を増やす方向に向かったのだ。

オーストラリアとインドが日本の準同盟国扱いになったのは、ひとつには「安全保障協力に関する共同宣言」によってである。

日本はオーストラリアとは「安全保障に関する日豪共同宣言」に、インドとは「日本国とインドとの間の安全保障に関する共同宣言」に署名している。これにより、日本はオーストラリア、インドと準同盟に向かいはじめたのだ。

さらに日本は準同盟国をつくっていくのに、「ACSA(アクサ:物品役務相互提供協定)」を利用している。「ACSA」とは、自国の軍と他国の軍のあいだで物資や役務を融通(ゆうずう)しあうための協定だ。もともとはアメリカと他のNATO軍との部隊

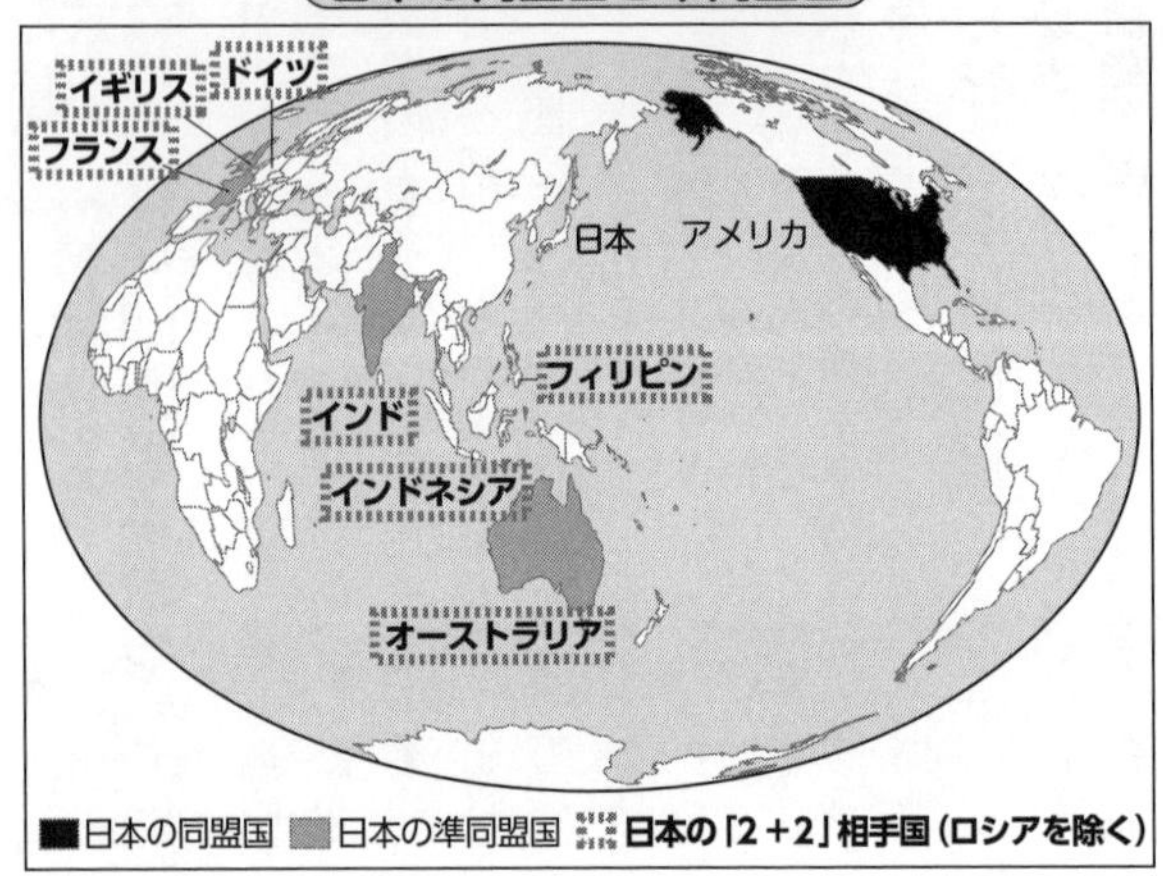

レベルでの物品や役務の相互融通協定であったが、これが世界に広まった。1990年代に日本はアメリカとACSA協定を結び、次の世紀を迎える。

21世紀になると、日本はオーストラリア、イギリスとのあいだにACSA協定を結び、カナダ、フランスとのあいだでは署名済みとなった。つづいてインドとのあいだでも署名が成立した。

もうひとつ、日本の準同盟路線を強化するのが、「2＋2」である。「2＋2」とは、2か国の外交担当閣僚と防衛担当閣僚が、安全保障政策や防衛政策について話し合う枠組みだ。日本では外務大臣と防衛大臣が参加し、共同安全保障にかんして立ち入った話し合いをする。「2＋2」は、相手国をいかに尊重しているかを表すものでもある。日本の「2＋2」の相手国となっているのは、アメリカ、オーストラリア、ロシア、フランス、インドネシア、インド、ドイツ、フィリピンなどだ。「2＋2」にもオーストラリア、インドの姿があり、両国を日本との同盟やQUADに引き寄せているのだ。

日本が準同盟国を増やしているのは、中国や北朝鮮に対する安全保障のためである。とくに中国の膨張と海洋進出は、太平洋からインド洋にかけての脅威であり、太平洋にかかわってきたイギリス、フランスも他人事ではなくなりつつある。そこから、NATOのメンバーである両国も日本と結びつこうとしているのだ。

緊密化が進む日本とNATOの思惑とは？

日本とNATO

イギリスやフランスなどNATO加盟国と日本の緊密化の背景にあるのは、NATOと日本の接近である。

2007年、当時の安倍首相は北大西洋理事会に出席し、演説を行なっている。それは、日本の首相がNATOの意志決定機関ではじめて演説を行なった瞬間であり、このころから日本とＮＡＴＯは理解しあうようになってきた。

２０１０年には「日・ＮＡＴＯ情報保護協定」が結ばれ、２０１４年には「日・ＮＡＴＯ国別パートナーシップ協力計画（ＩＰＣＰ）」も成立している。一連の緊密化によって、日本とＮＡＴＯのあいだでは情報の共有化がはじまっている。

日本とＮＡＴＯが緊密化に向かっているのは、極東の問題が極東のみで、ヨーロッパの問題がヨーロッパのみで終わらない時代になったからだ。

たとえば、中国や北朝鮮の核ミサイルについて、これまでヨーロッパ諸国はそれを極東問題としてのみ解釈していた。ところが、中国や北朝鮮のミサイルがヨーロッパにまで到達可能であることを日本側から告げられるに及んで、中国や北朝鮮の問題はヨーロッパの安全保障を脅（おびや）かしかねないことを認識しはじめた。

また、これまでＮＡＴＯは対ロシア問題をヨーロッパのみで解決しようとしてきたが、ロシアを押さえこむのに、極東を活用しようとも考えた。こうした事情からも、日本とＮＡＴＯは接近している。

日本にとって、ＮＡＴＯとの緊密化は対中国相手にはメリットが大きい。そのいっぽう、ＮＡＴＯの要請によって、日本はヨーロッパ問題にもかかわっていくことになるだろう。ＮＡＴＯが日本をヨーロッパ問題に引きずりこんでいきたいからだ。

ウクライナ問題にあっては、2022年6月のスペイン・マドリッドでのNATO首脳会議に日本が参加するという方向にある(2022年5月現在)。NATOは、日本の力も活用して、ウクライナでの戦争を終わらせたいのだ。

このように日本とNATOが緊密化を重視していけば、将来、日本はNATOのより重要なパートナーともなるかもしれない。ユーラシア大陸における大きな問題を、東西から解決していくパートナーになる可能性もある。もちろん、国内にはNATOの戦争に巻きこまれたくないという意見も噴出するだろうが、ユーラシアの東西は、もはや無関係ではいられなくなっているということでもある。

なぜ、いまイギリスが日本に接近しようとしているのか?

新日英同盟の模索

日本の準同盟国のなかでも、近年、日本に積極的に接近しているのがイギリスだ。イギリスと日本は互いに「同盟国」と呼び合うようになり、新日英同盟の時代が到来するともいわれる。

イギリスが日本に接近しているのは、イギリスが新たなる世界戦略を考えているからだろう。EUを離脱したイギリスは、フリーハンドの外交を手にした。これまではヨーロッパに重点を置きすぎていたが、外交の自由を手にしたことで、世界を見据えるようになった。

世界を広く視野に入れたとき、重要となるのは太平洋・インド洋世界である。ここに世界のＧＤＰ(国内総生産)の６割が集中するといわれ、イギリスもこの太平洋・インド洋世界の繁栄に加わろうとした。

じつのところ、イギリスは近世以後、太平洋・インド洋世界にかかわっていたから、その復帰でもある。かつての大英帝国を構成した国々は「イギリス連邦」というまとまりにあり、カナダやオーストラリアはイギリス連邦の重要な一員である。ただ、イギリス連邦の仲間と組むだけではイギリスには物足りないところがあり、新たなるパートナーとして日本を選んだのだ。

日本はすでに「自由で開かれたインド太平洋構想」を提唱し、ＱＵＡＤの有力国である。イギリスは日本と結びつくことで、太平洋とインド洋地域での存在感を強め、太平洋・インド洋世界の繁栄の環に加わろうとしているのだ。

イギリスもまた、近年になって中国の脅威を認識しつつある。ゆえに、最新の大型空母「クイーン・エリザベス」を西太平洋にまで派遣しているのだ。

イギリスが日本を選んだのは、かつての日英同盟の記憶もあるからだろう。１９

02年に締結された日英同盟は良好に機能し、イギリスはひところ日英同盟を世界の安定に不可欠なもののようにもみなしていた。だが、1920年代、4か国条約の締結によって、日英同盟は解消させられてしまう。イギリスにはこの解消に後悔があり、新日英同盟を模索したともいえる。

◉日英同盟——日本の世界的な地位を引き上げた同盟

日英同盟は、1902年に締結され、1923年に解消された同盟だ。当時のイギリスは極東方面でのロシアの南下に対して、食い止める手立てがなく、当時、新興国であった日本と結んだ。日本はイギリスとの同盟を得たことで、ロシアとの開戦を決意しはじめる。

第1次世界大戦が勃発したとき、日本は日英同盟を理由に参戦している。日本はドイツの青島(チンタオ)要塞を攻略、艦隊を地中海に派遣し、連合軍の船団護衛に当たらせている。

日英同盟は、日本にとっては強国とのはじめての同盟であり、日英同盟によって近代世界史に参加したといっていい。イギリス側からいえば、それまでの非同盟外交、いわゆる「名誉ある孤立」を捨てるものであった。

アメリカと台湾①

なぜ、アメリカは台湾に「守る価値」を見出したのか?

2022年のロシア軍によるウクライナ侵攻は、世界に次なる危機を予測させた。世界の耳目がウクライナに集中しているあいだに、中国軍が台湾に侵攻するのではないか。あるいはロシアのウクライナ制圧が成功すれば、中国は台湾侵攻の強い誘惑に駆られるのではないかという不安だ。

中国のひとつの宿願は、台湾吸収にある。1949年、国共内戦に中国共産党が勝利し、中華人民共和国が成立したとき、敗れた蔣介石の国民党は台湾に逃れ、中華民国を継続させた。以来、中国は台湾の接収を狙いつづけてきた。

現在、中国の兵力はおよそ200万人。台湾の兵力は16万人ほどでしかないから、台湾は中国相手に完全に劣勢にある。しかも、台湾は世界的に孤立している。台湾を国家として承認している西側の有力国は皆無である。アメリカも日本も、台湾を国家として承認していない。

ただ、2010年代後半以後、台湾を積極的に支援しはじめているのはアメリカだ。アメリカには台湾関係法があり、同法によって、台湾の軍事支援も可能となる。

じつのところ、台湾関係法はじつにあやふやな内容で、アメリカと台湾の関係に明確な言及がない。それは、台湾関係法の成立した1970年代の事情による。

台湾関係法が成立するまで、アメリカと台湾のあいだには米華相互防衛条約が存在していた。米華相互防衛条約は、アメリカが台湾を守る軍事同盟だった。アメリカは毛沢東（もうたくとう）の中国と対立し、蔣介石の台湾を支持していたからだ。けれども、1970年代、アメリカは中国を認めるようになる。ニクソン大統領が訪中を果たし、1979年にアメリカと中国の正式な国交が成立すると、米華相互防衛条約は無効化され、新たに台湾関係法がアメリカで成立している。

台湾関係法は、アメリカと中国との友好を前提にしている。そこから、台湾の防衛の文言をあいまいに濁（にご）している。軍事面では台湾防衛用のみにかぎりアメリカ製兵器を提供するとし、台湾防衛にかんしては「（アメリカは）適切な行動をとらなければならない」とするにとどまっている。つまり、台湾を防衛するかしないかは、そのときのアメリカ大統領の一存によるのだ。

台湾関係法によるなら、アメリカが中国を重視していくと、台湾を見捨てるかもしれない。逆にアメリカが中国を敵視していくなら、台湾を守ることに価値を見いだし、台湾防衛に乗り出すこともある。

東アジアでの米中対決

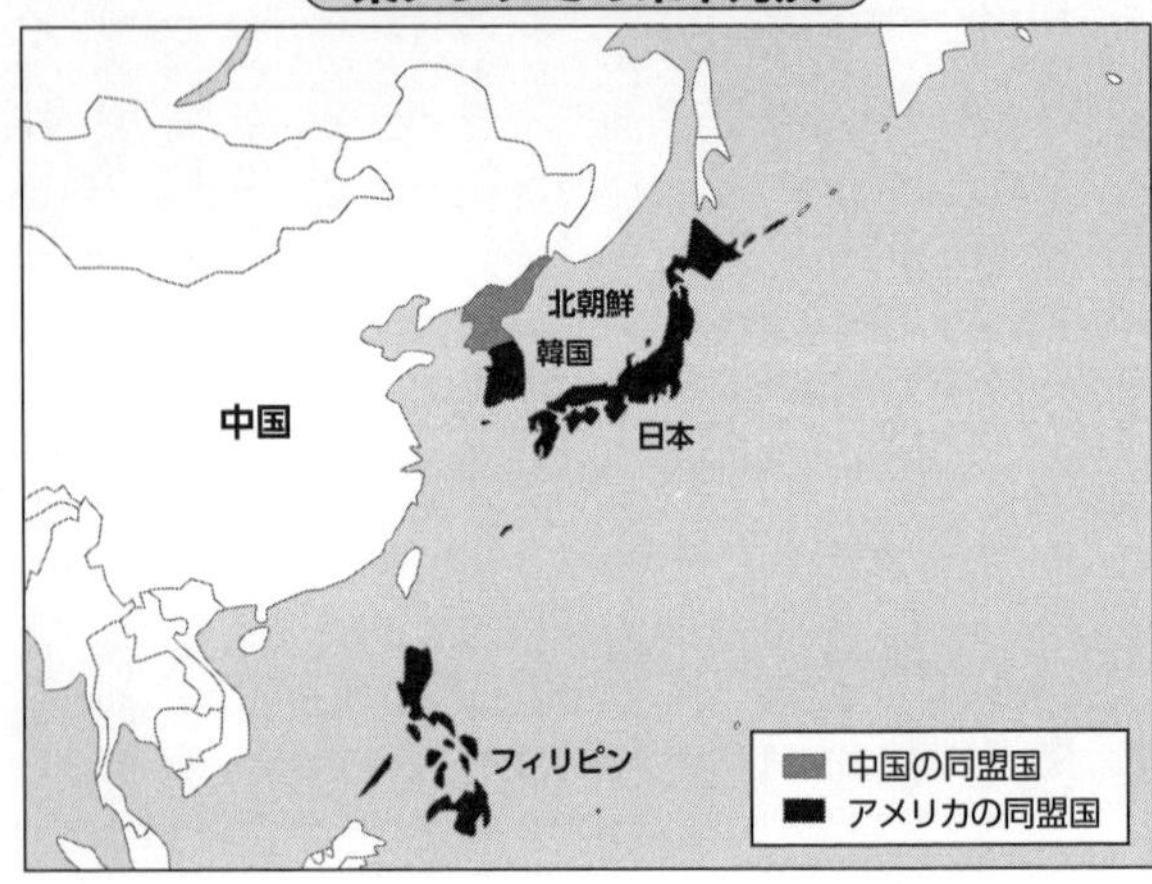

２０１０年代半ばまで、アメリカは中国と台湾の関係であいまいでありつづけてきた。アメリカは中国に魅せられ、台湾を独立させない方向を支持していた。

そのいっぽう、台湾の民主化を支援もしていた。それが、台湾ミサイル危機での行動となる。１９９０年代、台湾は初の民主的な選挙による総統選に突き進んでいた。もっとも有力だったのが、やがては独立を目指そうとする李登輝である。中国は、民主的な選挙の成功と李登輝の当選を忌み嫌った。１９９５年には台湾沖を目がけてミサイルを発射し、台湾を恫喝した。

これに対して、アメリカは空母２隻

を台湾沖に派遣、軍事演習を行なった。中国は沈黙せざるをえなくなり、台湾での総統選は予定どおり行なわれ、李登輝の当選となったのだ。

台湾ミサイル危機では台湾を支えたアメリカだが、2010年代の中ごろまでは中国と親密化しようとし、台湾の存在は小さかった。けれども、中国が南シナ海での海洋進出を剝き出しにし、新疆ウイグルへの弾圧が漏れ聞こえるようになると、アメリカは中国を異質な国として敵視するようになった。代わって、20年以上民主主義を推し進めてきた台湾を改めて評価し、肩入れするようになったのだ。

アメリカの台湾への傾斜は、アメリカ・中国の蜜月の終わりを象徴するものでもあったのだ。

アメリカは、本当に台湾を軍事的に守るのか？

アメリカと台湾②

アメリカの中国と台湾に対する姿勢の一転は、アメリカの台湾への武器輸出が象徴している。先の台湾関係法では、アメリカは「台湾防衛用のみにかぎり」アメリカ製の武器を提供できる。それは、中国の意を汲んで、台湾に強力なアメリカ製兵器を提供しないということでもあった。

そのため、台湾はアメリカから購入した主力戦闘機F-16A/Bシリーズを更新できないままであった。F-16A/Bシリーズは、F-16「ファイティング・ファルコン」のなかでもっとも古く、劣化していた。台湾はF-16A/Bシリーズの改良をアメリカに求めたが、中国の反対を受けたアメリカが応じることはなかった。

ただ、2010年代後半、トランプ大統領の時代になって、アメリカはF-16A/Bの改良の主導をはじめる。と同時に、最新のF-16V（ブロック70）の台湾への売却を決めた。F-16Vは、アメリカ軍の保有するF-16シリーズよりも性能にすぐれるというから、アメリカの台湾への支援は本格的なものだった。

ただ、そこから先、中国軍の侵攻する「台湾有事」となったとき、アメリカが軍事行動をとるかどうかは予測できない。台湾関係法では、「軍事的行動」の明記はないから、アメリカ政府の判断で決めるしかないのだ。

台湾有事の際、日本はどう動く可能性があるのか？

日米同盟と台湾

台湾有事にあって、アメリカとともにひとつの大きな「変数」となっているのが日本である。日本と台湾の民間交流はさかんであり、台湾は「屈指（くっし）の親日国」ともいわれるが、日本政府は台湾を国家として承認してはいない。それでも台湾有事となれば、日本が動く可能性がある。

ひとつには、台湾と尖閣諸島があまりに近いからだ。中国が台湾を吸収するようなことがあれば、尖閣諸島の維持はかなりむずかしくなる。尖閣諸島を維持するためにも、日本が台湾側に立つ可能性はゼロではないだろう。

もうひとつは、日米同盟の存在だ。台湾有事にあって、アメリカが台湾を守るために何らかの行動を起こすなら、日米同盟に則り、自衛隊がアメリカ軍に協力することも想定できるのだ。

２０２１年12月、台湾のシンクタンク主宰のフォーラムで、日本の安倍晋三元首相がオンラインで演説している。その内容は中国に自制を求めたものであり、「台湾有事は日本有事、すなわち日米同盟の有事でもある。この点の認識を、北京の人々は、とりわけ習近平主席は断じて見誤るべきではない」と語っている。

安倍元首相は、台湾有事を日本有事と見て、そこから日米同盟が台湾有事の抑止になると語っているが、アメリカは別の見方をしているだろう。アメリカは台湾有事にあって、日米同盟を活用し、日本を前面に押し立てて中国と対峙したいと考えているのだ。

台湾への策源地は地理的に日本列島しかありえないから、アメリカは地理的には主役である日本を後押しして、中国の行動を抑止したいのだ。そこには、日本を前面に立てて暗闘することにより、米中の全面対決を回避したいという思いがある。先の安倍元首相の発言は、中国政府の猛反発を買ったが、日本国内ではさほど話題にならず、強烈な反論はなかった。日本の住人も、中国相手に事を構えたくないものの、台湾を見捨てるわけにもいかない。そんな葛藤があり、安倍元首相の発言に対して大きな反発がなかったと考えられる。

中国が台湾に対して強硬に出るほど、台湾はアメリカ、日本寄りになるだろう。台湾に同情した日米が、みずからの同盟に台湾を加えない日が来ないともかぎらないのだ。それは中国にとっては悪夢であり、中国もまたジレンマのなかにある。

「TPP」対「RCEP」

なぜ、中国はTPPへの参加を表明したのか?

2021年、中国はTPPへの加盟申請を表明した。「TPP（環太平洋パートナーシップ協定）」とは、日本やオーストラリアなど環太平洋諸国からなる経済連携協定（EPA）である。中国のTPP（正確にはTPP11協定）への正式な加盟申請は、深謀遠慮にもとづいたものだ。

ＴＰＰはたしかに経済協定なのだが、そこにはもともと「対中包囲網」という戦略的な側面があった。ＴＰＰの構想には当初、アメリカが加わっていて、アメリカはＴＰＰを中国包囲網の一環にしようとしたのだ。

アメリカが対中包囲網の形成を考えるようになるのは、２０１０年代半ばである。オバマ政権の後期になって、ＴＰＰが着目されるようになった。ＴＰＰ陣営を経済的に繁栄させることで、各国の中国経済への依存度を下げさせる。中国依存の低下は各国の経済安全保障にもつながり、経済安全保障を確立させることで、中国包囲網を形成しようとしたのだ。

ただ、トランプ大統領の時代になって、アメリカはＴＰＰから離脱する。離脱はトランプ大統領の独自の論理からのようだが、これにより、ＴＰＰはボス不在となり、日本とオーストラリア主導でまとめあげられることになった。バイデン大統領の時代になっても、アメリカはＴＰＰに復帰する気配がない。そこで、中国はＴＰＰ加盟を申請し、ＴＰＰ内の攪乱を狙ったともいえる。

中国がＴＰＰに加盟を申請したといっても、すぐに認められるわけではない。中国の加盟が認められるまでには時間がかかる。そのあいだ、ＴＰＰは中国の受け入

TPP対RCEPの構図

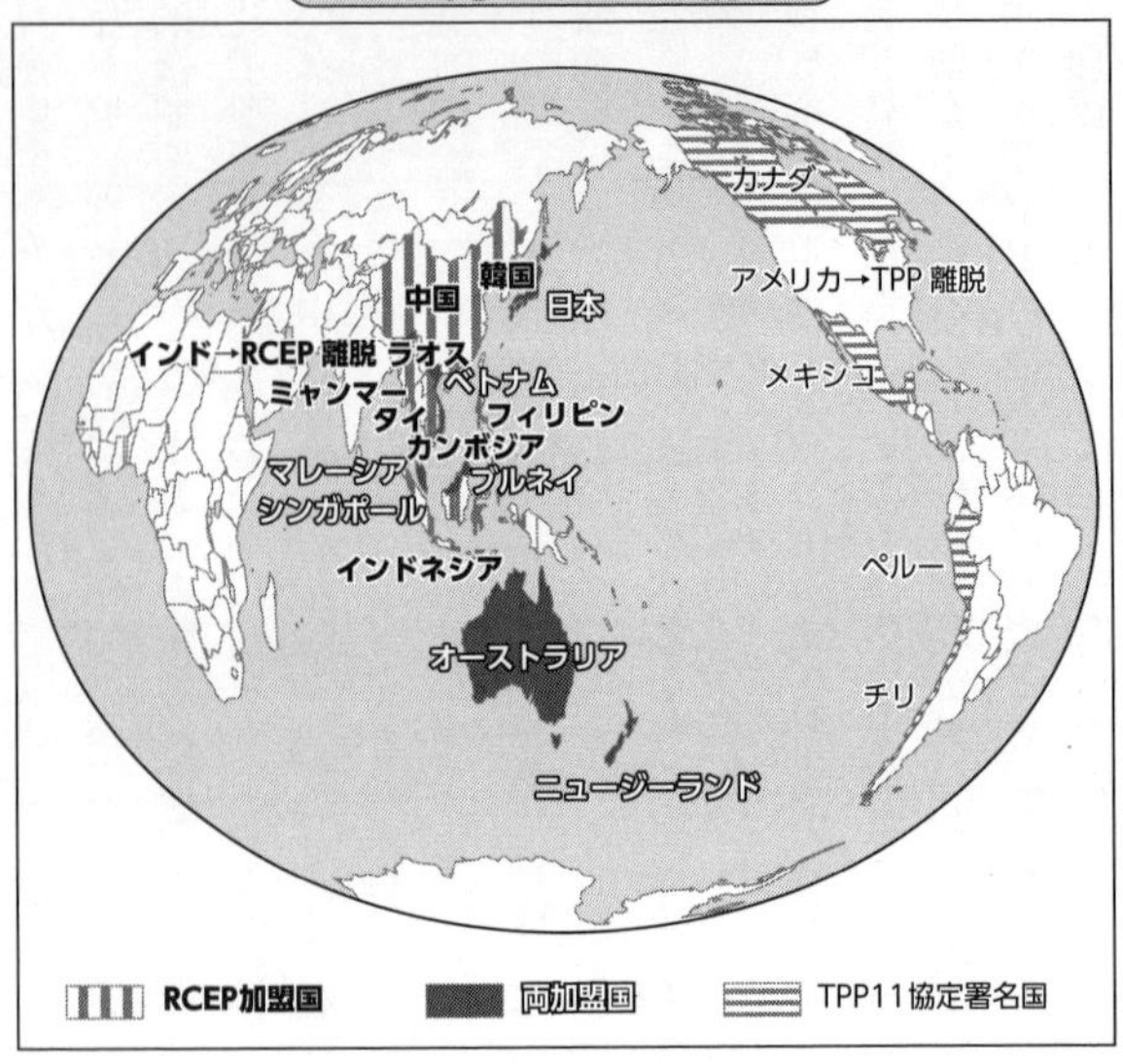

れをめぐって揺れることになるだろう。シンガポールやマレーシアのように中国受け入れ歓迎派もいれば、日本やオーストラリアのように否定的な一派もいる。彼らの足並みが乱れれば、ＴＰＰの結束も乱れ、中国は有利な立場になると見ているのだ。

　また、中国はＴＰＰを攪乱するのみならず、ＴＰＰに対抗する経済協定を立ち上げてもいる。それが「一帯一路」と「ＲＣＥＰ」だ。「ＲＣＥＰ（アールセップ：東アジア地域包括経済連携）」は、ＡＳＥ

AN（東南アジア諸国連合）に中国、日本、韓国、オーストラリアなどを加えた自由貿易協定である。

現状でTPPの加盟国が11か国にとどまるのに対して、RCEPは15か国と大規模だ。世界のGDPのおよそ3割が、RCEPに集まることになるから、この一点で、RCEPはTPPを超えている。

RCEPの特徴のひとつは、アメリカが最初から不在であるところだ。そのため、世界第2位の経済大国である中国が、RCEP内で主導的な地位にある。

RCEPには当初、インドも加わる予定だったが、対中貿易赤字の増大を恐れて、参加を見送っている。そのため、中国に対抗できそうな国はさほどなく、日本が中国を牽制（けんせい）し得る存在になっているくらいだ。

◉TPP——アメリカの離脱によって、ボス格は不在に

TPP（環太平洋パートナーシップ協定）は、環太平洋諸国による経済連携協定だ。もともとは、2005年にブルネイ、チリ、ニュージーランド、シンガポールの4か国の署名によってはじまり、拡大していく。

2016年2月の調印に署名したのは、アメリカ、カナダ、メキシコ、ペル

ー、チリ、日本、マレーシア、ブルネイ、ベトナム、シンガポール、オーストラリア、ニュージーランドの12か国である。その後、2017年にはアメリカが離脱し、現在は11か国になっている。

アメリカ離脱後は、「TPP11（環太平洋パートナーシップに関する包括的及び先進的な協定：CPTPP）」とも呼ばれている。

●RCEP――世界の人口、GDPの3割を占める

RCEP（東アジア地域包括的経済連携）は、東アジアから東南アジア、オセアニアにかけての経済協定だ。参加国は、ASEAN加盟10か国に加え、日本、中国、韓国、オーストラリア、ニュージーランドを合わせて15か国である。

もともとASEANによる提唱であり、これに多くの国が加わるようになって、2020年に署名されている。ただし、インドは2019年の時点で参加を見送っている。RCEP加盟15か国で、世界の人口とGDPのおよそ3割を占め、巨大な経済圏を形成している。

TＰＰと台湾

中国がＴＰＰに加盟を申請したもうひとつの狙いとは？

２０２１年９月、中国がＴＰＰに加盟を申請した狙いは、ＴＰＰを攪乱するためだけではない。台湾のＴＰＰ加盟を阻止するという狙いもある。

じつのところ、台湾もＴＰＰ加盟を模索し、活動していた。すでに述べたように、台湾は中国により、国際的に深刻なまでに孤立させられている。中国主導のＲＣＥＰへの加盟が認められるはずもない。台湾はＴＰＰを国際社会のなかで認められる突破口に見ていたようだが、当然ながら、中国も台湾の動きを察知する。

だから、中国は台湾のＴＰＰ加盟申請よりも早いタイミングで、みずからがＴＰＰ加盟申請に動いたのだ。中国と台湾がともにＴＰＰに加盟を申請したとき、ＴＰＰ加盟国はそれぞれ逡巡（しゅんじゅん）する。シンガポールやマレーシアは中国受け入れに動くだろう。２０２２年からＴＰＰの議長国がシンガポールになっていることを考えるなら、中国優位の展開になりやすい。

日本はというと、台湾に頼られる立場である。日本が主導するなら、台湾のＴＰＰ加盟への道も開けるだろう。ただ、その肝心の日本の動きが悪いのが現状だ。

すでに台湾は日本からの支援を得るべく手を打っている。2022年2月、台湾の蔡英文(さいえいぶん)政権は、東日本大震災に遭った福島県をはじめ5県産の食品の輸入解禁に踏み切っている。

それは野党の反対を押し切ってのものであり、日本に好意を見せることで、台湾のTPP加盟のための尽力を日本に求めていたのだ。それでも、日本の岸田文雄政権の動きは鈍く、TPP内では中国か台湾かで揉めそうだ。

なぜ、フィリピンとアメリカの同盟が揺らいでいるのか？

アメリカが東アジア・西太平洋方面で有している同盟のひとつに米比同盟がある。1951年に締結された米比相互防衛条約にもとづく軍事同盟だ。

米比同盟は、日米同盟、韓米同盟とともに、アメリカの東アジア・西太平洋方面の軍事同盟の柱だ。だが近年、この同盟が揺らいでいる。フィリピンにアメリカへの不信感が強まっていった結果である。

フィリピンのアメリカ不信は、「VFA(米軍地位協定)」の破棄問題に表れている。VFAは米比同盟を補完するものだが、フィリピンのドゥテルテ大統領は、それを破棄する方向に動いた。最後にはアメリカの金銭支援、武器援助によって宥められたドゥテルテ大統領は、VFA廃棄を引っこめている。そのVFA破棄問題の根本は、フィリピンから見たアメリカの弱腰にある。

フィリピンは、南シナ海のスプラトリー諸島問題をはじめ、中国の海洋進出問題で、中国と対立している。1995年にはスプラトリー諸島内で支配してきたミスチーフ礁を中国に奪われ、2012年には南シナ海に浮かぶスカボロー礁の中国による実効支配をゆるしている。それだけではなく、いま中国の海上民兵による船団がフィリピン領海内にまで押し寄せている。

窮したフィリピンは、米比同盟に頼るほかなかった。それが、1998年にアメリカと結んだVFAである。じつのところ、米比同盟があったとはいえ、冷戦終結後の1990年代前半、アメリカ軍はクラーク空軍基地、スービック海軍基地から撤収し、フィリピンにはアメリカ軍が不在となった時代がある。この隙をつかれ、フィリピンは中国にミスチーフ礁を奪われてしまっていた。フィリピンは中国に対抗するため、アメリカ軍をクラーク基地、スービック基地に呼び戻そうとし、VFAを結んだのだ。

けれども、米比同盟とVFAは、フィリピンの期待どおりには機能しなかった。

アメリカは、2015年からアメリカ海軍の艦艇をスプラトリー諸島近海で航行させる「航行の自由作戦」を実施したくらいである。

アメリカは南シナ海で中国の海洋進出を押し返せず、そればかりか中国の海洋進出はさらに激しくなった。フィリピンに近いスカボロー礁までも中国に実効支配されてしまったのだから、ドゥテルテ大統領はアメリカを役立たずの番犬のようにみなしたのである。

米比同盟がありながら、アメリカが中国に強く対抗してこなかったのは、中国との宥和のためである。2010年代半ばまでアメリカは中国を特別扱いしており、中国と事を構える意思はなかった。アメリカは、米比同盟よりも対中政策を優先したのである。

しかも、アメリカが南シナ海における中国の圧倒的な優位を完全に認識したのも、2010年代半ばである。すでに中国が南シナ海に橋頭堡を築いていたも同然だから、アメリカの対抗手段はかぎられたものにしかならなかったのだ。

スプラトリー諸島と米比同盟の関係は、そのまま尖閣諸島と日米同盟の関係に当てはまる。アメリカが米比同盟より対中関係を優先させたように、日米同盟よりも対中関係を重視するなら、尖閣諸島で紛争が発生しても、アメリカ軍は傍観したままなのだ。

◉米比同盟——東西冷戦下に誕生した同盟

米比同盟は、1951年に締結された米比相互防衛条約にもとづく。もともとアメリカとフィリピンの関係は深く、1898年、アメリカはスペインより譲り渡されたフィリピンを植民地としている。

その後、日米戦争にあっては、フィリピンをいったんは日本軍に奪われたものの、アメリカは奪い返し、日米戦争ののちもアメリカ軍はフィリピンに基地を置いてきた。

アメリカが1951年にフィリピンとの軍事同盟を明文化したのは、当時、東西冷戦が深刻化していたからだ。1949年に共産国家・中華人民共和国が成立、1950年には北朝鮮軍の侵攻による朝鮮戦争が勃発した。アメリカはフィリピンをみずからの陣営にとどめおくためにも、米比同盟を結んだのだ。

ただ、1990年代にソ連が崩壊すると、米比同盟の存在感は薄れる。そのため、アメリカ軍はフィリピンから撤退していったが、その隙をついて中国がフィリピンに攻勢を仕かけるようになった。

なぜ、中国の海洋進出にASEANは対抗できないのか?

ASEAN

東南アジアの安全保障を語るうえで重要なのが、「ASEAN(アセアン:東南アジア諸国連合)」だ。ASEANは、東南アジア諸国の地域統合体だが、東南アジアの集団安全保障までも視野に入れている。

ただ、ASEANはけっして一枚岩ではなく、多くの問題を内包している。ASEANが足並みをそろえられない典型が、中国の海洋進出問題に対してだ。すでに述べたように、中国の海洋進出にあって、フィリピンが南シナ海で劣勢にあるのみではない。ベトナムは早くから南シナ海で中国と対立、インドネシア、マレーシアも中国船の進出にさらされている。

ASEANとしては中国の海洋進出に対して団結して対抗したいところだが、現実にはそれができない。フィリピン、ベトナム、マレーシア、インドネシア、ブルネイ、シンガポール、タイまでなら団結できる。ともに、南シナ海に関係のある国家でもあるからだ。けれども、ラオスは内陸国家であるし、カンボジアの海岸部は狭いから、中国の海洋進出には興味もない。ミャンマーの場合、ベンガル湾には関心があっても、南シナ海にはない。

そればかりか、ラオスやカンボジア、ミャンマーは中国に依存するところが多く、反中国の方向に向かうはずもない。ASEANが一致して中国の海洋進出に対抗したくても、ラオスやカンボジア、ミャンマーが反対するから、できないままなのだ。それが、ASEANの限界でもある。

このように、ASEANと中国の関係は、微妙であり、中国との完全な敵対はありえない。たしかにフィリピンやベトナムは南シナ海で中国と対立しているが、ASEAN10か国が加盟しているRCEPでは、中国が主導する立場にある。ASEAN諸国は、中国経済に依存している国もあるから、中国に対して一致してモノが言いにくいのだ。

◉ASEAN——当初は5か国が加盟し、拡大へ

ASEAN（東南アジア諸国連合）は、フィリピン、ベトナム、マレーシア、ブルネイ、インドネシア、タイ、シンガポール、カンボジア、ラオス、ミャンマーの10か国からなり、域内の政治、安全保障、経済、文化などの協力を図る。

1967年に設立され、当初の加盟国はタイ、マレーシア、シンガポール、

インドネシア、フィリピンの5か国だった。タイ以外は、植民地から解放されておよそ20年、東南アジア諸国の力はまだ弱く、ゆえに団結が必要であった。

ASEANは当初、ベトナム、カンボジア、ラオスという共産主義国とは一線を画していたが東西冷戦が終わってからは、彼らを迎え入れている。現在、東ティモールがASEAN加盟を目指している。

アメリカと韓国の同盟がぐらついている理由とは？

米韓同盟は、日米同盟とともに、極東における西側同盟の柱となっている同盟だ。１９５３年に仮調印された米韓相互防衛条約にもとづいている。

米韓同盟は、アメリカ軍の韓国駐留を認め、韓国の防衛力を高めるためのものだ。具体的には、北朝鮮からの侵攻に対処するためのものであり、現在は中国を見据えた軍事同盟にもなっている。ただ、２０１０年代以降、米韓同盟がぐらついている。

韓国の同盟に対する立ち位置があやふやになりつつあるからだ。

そこには、中国の影響がある。21世紀、中国が大発展を遂げていくとき、韓国経済は中国に傾斜し、韓国全体が中国寄りになっていった。それは、中国からすれば、西側同盟からの引き剝がしにもなっていた。

中国と韓国の関係は、２０１５年の韓国の動向に象徴される。すでに紹介したように、中国は２０１４年、みずからが立ち上げたＡＩＩＢ（アジアインフラ投資銀行）入りを韓国に呼びかけている。このとき、韓国はすぐにＡＩＩＢ入りに動いたが、アメリカに咎められている。翌２０１５年、イギリスがＡＩＩＢに加盟したときに、韓国は隙を突くかのようにＡＩＩＢに加盟している。

つづいては２０１５年９月、韓国の朴槿恵大統領は中国からの招請で北京を訪問する。天安門広場での抗日戦勝70周年記念式典（抗日式典）に参列するためだ。アメリカは朴槿恵大統領に自制を求めたが、彼女はアメリカの制止を振り切って、北京へと飛んだ。

こののち、アメリカのオバマ大統領は米韓首脳会談の席で、アメリカと中国のいったいどちらの味方なのかを朴槿恵大統領に問い質している。朴槿恵大統領の韓国は、中国とアメリカの二股をかけて、米韓同盟を維持しながらも、中国とも緊密な関係を結ぶ方向に動いていたのである。

それは、アメリカの許容を超えていた。２０１６年、アメリカはＴＨＡＡＤ（サード：終末高高度防衛ミサイル）の韓国内への設置を求めてきた。ＴＨＡＡＤは北朝鮮の弾道核ミサイルに備えたものだが、じつは中国の弾道核ミサイルも撃ち落とせる。それは韓国のミサイル防衛力を強化し、米韓同盟を再強化するためのものであった。

ＴＨＡＡＤ問題は、韓国に決定的な選択を迫るものであった。中国を選ぶか、米韓同盟を堅持するかだが、韓国は逡巡しつづけている。韓国がＴＨＡＡＤ設置の正式決定を発表するや、中国は韓国に対して経済制裁を発動した。すでに輸出で対中依存を強めていた韓国は、経済制裁に苦しむとともに、中国の恐ろしさにすくみあがった。

韓国は米韓同盟の維持に努めようとしているものの、中国に対するただならぬ恐怖感も持っている。韓国の歴史は、中国に間接支配されてきた歴史だ。その対中恐怖が、中国からの離反とならず、対中追従の選択に向かわせようともしている。

さらに、近年の韓国には左派の親北政権も多い。文在寅前政権はその典型であったが、韓国の親北が進めば進むほど、韓米同盟の本来の目的である対北朝鮮に対する軍事同盟の必要性は薄れていく。

韓国は米中の狭間で浮遊していて、米韓同盟はぐらついているのだ。

◉米韓同盟——有事の際には、韓国軍はアメリカ軍の指揮下に入る

米韓同盟は、1953年に締結された米韓相互防衛条約にもとづく。同条約は、1953年の朝鮮戦争の休戦に対応して結ばれている。

それまで、アメリカと韓国のあいだには米韓軍事協定があったが、それは不完全なものであった。ゆえに1950年6月、朝鮮戦争がはじまったとき、在韓米軍は小規模なままであった。そのため、一時、北朝鮮軍は韓国制圧寸前のところまでいった。

米韓相互防衛条約は、その反省に立ち、北朝鮮軍の攻勢に耐え得る集団防衛を期した。韓国には大規模なアメリカ軍が駐留し、北朝鮮に対する押さえとなった。

米韓同盟は当初、北朝鮮を見据えた同盟であったが、近年は強大化する中国にも備えようとしている。これには、韓国内で逡巡があり、米韓同盟をぐらつかせている。また、米韓同盟にあっては、有事の際には、韓国軍はアメリカ軍(米韓連合司令部)の指揮下に入るようになっている。その指揮権はいずれ韓国軍に移行する予定であったが、北朝鮮の脅威の増大を考慮し、延期されたままだ。

日韓関係の悪化は米韓同盟にどんな影響を及ぼしている?

GSOMIAの廃棄問題

米韓同盟が揺らいでいるのは、韓国の中国に対する姿勢があいまいだからだけではない。じつは、韓国の日本に対する姿勢が敵対的になっているからでもある。米韓同盟を機能させているのは、日米同盟でもある。朝鮮半島が有事となったとき、米韓同盟によってアメリカ・韓国連合軍は共同作戦を展開する。このアメリカ・韓国連合軍を支えるのが、日米同盟のパートナーである日本の役割となる。

じっさい、1950年にはじまった朝鮮戦争にあっては、アメリカ占領下の日本はアメリカ軍の兵站(へいたん)基地として機能した。アメリカ軍は日本を補給基地、策源地に使えたからこそ、北朝鮮軍を押し返せたのだ。

この構図は、次の朝鮮半島有事でも変わらないと思われる。米韓同盟、日米同盟が機能することで、極東での西側の安全保障は成り立つのだ。

それは、日本と韓国のあいだに連携があってこそのものだ。日韓には、確たる同盟関係はないが、ひところまで信頼感はあった。日米韓には連携関係があり、それが極東の安全保障を支えてきた。

21世紀になって、これを補完したのが「日韓秘密軍事情報保護協定（ジーソミア：GSOMIA）」である。2016年に成立したGSOMIAは、日韓両国政府間で相互に提供される防衛関連情報の第三国への漏洩を防止するためのものだ。具体的には、北朝鮮、ロシア、中国などの弾道核ミサイルや通常兵器の動向情報を、日韓で共有しようというものだ。それはアメリカにとって利益となるものでもあり、GSOMIAによって、日米韓が共同で軍事行動できるのだ。

ただ、近年、韓国がそのGSOMIAの廃棄に動きはじめている。GSOMIAは、更新期限の90日前に相手国に通告しないかぎり、1年ごとに自動更新されることになっている。近年、韓国はGSOMIAを廃棄しようとし、毎年のように、失効ぎりぎりまで態度を保留させている。

韓国がGSOMIAの破棄に動こうとしているのは、韓国内での日本敵視が強まっているからだ。21世紀になって、韓国内では左派政権、左派的な政権がつづき、韓国の住人は北朝鮮に対しての親しみを隠さなくなった。そのいっぽう、日本敵視は年々強まっている。

2018年、韓国海軍の艦船が自衛隊機にレーダー照射し、ロックオンしようとした事件もあった。韓国軍と自衛隊のあいだにも信頼が乏しくなった証左であり、日韓の亀裂は深まっている。

韓国の日本敵視、日韓関係の困難は、そのまま日米韓による共同防衛構想の瓦解へ向かいもする。これまでアメリカは日本と韓国の仲を取り持とうとしてきたが、それもうまくいかない。アメリカは、日本を敵視する韓国を御しきれないままだ。アメリカは日韓の隙間風に失望し、米韓同盟の見直しにかかろうとしているのだ。

なぜ、中国と北朝鮮は離反しないのか？

中朝同盟

中国は「非同盟」政策を旨として、基本的には同盟国を持たない路線にあるが、完全に例外となっているのが北朝鮮である。中国と北朝鮮のあいだには、中朝友好協力相互援助条約があり、中朝軍事同盟の礎（いしずえ）となっている。北朝鮮にとって、中国は唯一（ゆいいつ）の同盟国である。

中朝同盟は、いずれかの国が武力攻撃を受けたなら、同盟国はただちに全力で軍事上の援助を与えるとしている。つまり、北朝鮮が攻められた場合、中国軍が参戦するということだ。さらに、経済上や技術上の援助を相互に与えるともしている。

この中朝同盟によって、北朝鮮の命脈（めいみゃく）が保たれている側面がある。アメリカが北朝鮮の核開発を武力によって阻止したくても、北朝鮮への攻撃はそのまま中国軍との戦いに発展しかねない。だから、アメリカは北朝鮮相手に自重せざるをえない。逆にいえば、中国という楯があることによって、北朝鮮は核保有国を目指すことができたことになる。

中朝同盟は、北朝鮮が中国から経済支援を受けられる根拠にもなっている。北朝鮮は慢性的な食糧不足、エネルギーの欠乏に苦しみ、いつ破綻してもおかしくない。中国からの経済的な支援があって、ようやく北朝鮮は存立できているのだ。

中朝同盟は「相互支援」をうたっているが、現実には中国が北朝鮮を一方的に支援しているかたちだ。北朝鮮が労せず利益を得て、中国は持ち出しのいっぽうに映るが、それでも中国が北朝鮮を切り捨てることはない。

北朝鮮を切り捨ててしまえば、西側勢力が北朝鮮に浸透し、中国の国境沿いに親米国家・北朝鮮が誕生しかねないからだ。中朝同盟は、北朝鮮を西側にはしらせない同盟でもあるのだ。

さらに、北朝鮮は、日本やアメリカに対する鋭い切っ先になってくれている。中国は同盟国・北朝鮮の暴発を宥める役割に回ることができ、そのぶんだけ、アメリカや日本に恩が売れるのだ。

◉中朝同盟——もともと、中国と北朝鮮は「血の同盟」関係にあった

中朝同盟は、1961年に締結された中朝友好協力相互援助条約にもとづいている。米韓同盟の脅威に対抗するためのものであり、直接のきっかけは、1961年に勃発した韓国の軍人・朴正熙(パクチョンヒ)によるクーデターであった。朴正熙大統領の軍事政権は、これまでの政権になく強面(こわもて)、かつ戦闘的であり、北朝鮮敵視を強めた。北朝鮮の金日成(キムイルソン)は朴正熙の韓国を警戒し、中国との軍事同盟を明文化したのだ。

じつのところ、1961年の中朝同盟締結以前から、中国と北朝鮮は実質同盟関係にあった。1940年代後半、毛沢東の中国共産党が蒋介石の国民党と戦っている時代、窮地(きゅうち)に陥った中国共産党の軍を支援したのは北朝鮮だった。そして、1950年にはじまる朝鮮戦争にあって、北朝鮮亡国の危機を救ったのは中国軍だった。

以来、中朝はともに「血の同盟」を自負していた。中朝の古参の軍人同士には強い結びつきがあったが、世代交代ののち、そうした「血の同盟」意識は薄れている。

なぜ、北朝鮮はロシアと特別な関係でいようとするのか？

ロ朝友好善隣協力条約

北朝鮮にとって、中国とともに特別な国がロシアである。現在、北朝鮮とロシアのあいだには「ロ朝友好善隣協力条約」があるだけだ。同条約には、軍事同盟の性格はない。それでも、北朝鮮とロシアが特別の関係にあるのは、かつて北朝鮮とソ連が同盟関係にあったからだ。

1960年代から1990年代半ばにかけてのおよそ30年余り、北朝鮮はソ連（ロシア）、中国の双方と軍事同盟関係にあった。ソ連、中国というふたつの大国をバックにつけることで、アメリカの軍事侵攻に備えてきたのだ。

じつのところ、北朝鮮はソ連、中国の双方と同盟関係を結んでいることをいいことに、両国を天秤にかけつづけていた。中国との仲がこじれたときは、ソ連の支援を仰ぎ、ソ連との仲が冷えたときは、中国と緊密化した。中国もソ連も、北朝鮮を対西側の鉄砲玉のようにみなしていたから、北朝鮮の身勝手を容認していたのである。

ソ連崩壊ののち、ソ朝同盟は消滅してしまったが、北朝鮮とロシアにはかつての同盟の記憶は残っている。ともに反アメリカということでも、北朝鮮、ロシアは結びつき、いまも特別な関係にあるのだ。北朝鮮の最高指導者・金正恩(キムジョンウン)と中国の仲が一時、険悪化したとき、金正恩がロシアを頼ったのも、そうした事情からだ。

＊本書の情報は２０２２年５月現在のものです

◉左記の文献等を参考にさせていただきました――

『マッキンダーの地政学』H・J・マッキンダー著、曽村保信訳／『地図で見る中東ハンドブック』ピエール・ブラン、ジャン＝ポール・シャニョロー著、太田佐絵子訳（以上、原書房）／『平和の地政学』ニコラス・J・スパイクマン著、奥山真司訳（芙蓉書房出版）／『恐怖の地政学』ティム・マーシャル著、甲斐理恵子訳（さくら舎）／『現代地政学 国際関係地図』パスカル・ボニファス著、佐藤絵里訳／『最新 世界紛争地図』パスカル・ボニファス、ユベール・ヴェドリーヌ著、神奈川夏子訳（以上、ディスカヴァー・トゥエンティワン）／『新版 地政学』奥山真司（五月書房）／『南シナ海 中国海洋覇権の野望』ロバート・D・カプラン著、奥山真司訳／『中国外交戦略』三船恵美（以上、講談社）／『20世紀の戦争』三野正洋、田岡俊次、深川孝行（朝日ソノラマ）／『特務』リチャード・J・サミュエルズ著、小谷賢訳（日本経済新聞出版）／『世界地図を読み直す』北岡伸一（新潮社）／『日本人に忘れられた ガダルカナル島の近現代史』内藤陽介（扶桑社）／『日本の南洋戦略』丸谷元人（ハート出版）／『「帝国」ロシアの地政学』小泉悠（東京堂出版）／『軍事大国ロシア』小泉悠（作品社）／『ロシアと中国 反米の戦略』廣瀬陽子／『「海洋国家」日本の戦後史』宮城大蔵（以上、筑摩書房）／『ユーラシア胎動』堀江則雄（岩波書店）／『中国歴史地図』朴漢済編著、吉田光男訳（平凡社）／『瀕死の中国』『中国瓦解』宮崎正弘（以上、阪急コミュニケーションズ）／『「火薬庫」が連鎖爆発する断末魔の中国』宮崎正弘（ビジネス社）／『世界から追い出され壊れ始めた中国』宮崎正弘（徳間書店）／『一帯一路の政治経済学』平川均、町田一兵、真家陽一、石川幸一編著（文眞堂）／『戦場の歴史2 第2次世界大戦』ジョン・マクドナルド著、松村赳訳（河出書房新社）／『選択』（選択出版）／『Wedge』（ウェッジ）

KAWADE
夢文庫

日本の命運にかかわる
同盟と対立の世界地図
最新情勢版

二〇二二年六月三〇日　初版発行

著　者……………国際時事アナリスツ［編］
企画・編集………夢の設計社
〒162-0801 東京都新宿区山吹町二六一
☎〇三─三二六七─七八五一（編集）
発行者……………小野寺優
発行所……………河出書房新社
〒151-0051 東京都渋谷区千駄ヶ谷二─三二─二
☎〇三─三四〇四─一二〇一（営業）
https://www.kawade.co.jp/
装　幀……………こやまたかこ
印刷・製本………中央精版印刷株式会社
DTP……………株式会社翔美アート
Printed in Japan ISBN978-4-309-48587-4